Eliana Marcello De Felice

A conquista da independência

A criança de 6 a 12 anos

Volume 3

Editora
IDEIAS &
LETRAS

DIREÇÃO EDITORIAL:
Marcelo C. Araújo

COPIDESQUE:
Camila de Castro Sanches dos Santos

EDITOR:
Avelino Grassi

REVISÃO:
Luana Aparecida Galvão
Leila Cristina Dinis Fernandes

COORDENAÇÃO EDITORIAL:
Ana Lúcia de Castro Leite

PROJETO GRÁFICO:
Junior dos Santos

© Ideias & Letras, 2013

EDITORA IDEIAS&
LETRAS

Rua Diana, 592, Conj. 121, 12º andar
Perdizes – São Paulo-SP
CEP 05019-000
Tel. (11) 3675-1319
vendas@ideiaseletras.com.br
www.ideiaseletras.com.br

Dados Internacionais de Catalogação na Publicação (CIP)
(Câmara Brasileira do Livro, SP, Brasil)

De Felice, Eliana Marcello
A conquista da independência: a criança de 6 a 12 anos / Eliana Marcello De Felice. - São Paulo: Ideias & Letras, 2013. - (Coleção O mundo psicológico de seu filho; 3)

ISBN 978-85-65893-38-1

1. Autonomia (Psicologia) 2. Pais e filhos 3. Psicologia do desenvolvimento 4. Psicologia infantil I. Título. II. Série.

13-04886   CDD-155

Índices para catálogo sistemático:

1. Filhos e pais: Relacionamento: Psicologia do desenvolvimento 155
2. Pais e filhos: Relacionamento: Psicologia do desenvolvimento 155

Sumário

Introdução 5

Uma criança mais madura 9

O mundo fora do lar, os amigos e a sexualidade 15

A criança solitária e os momentos de solidão 21

Jogos e brincadeiras 23

A televisão, o videogame e o computador 27

Relações com irmãos 33

O filho único 37

A identidade pessoal 39

A identidade dos filhos gêmeos 43

Progressos no desenvolvimento intelectual e da linguagem 45

Vida escolar 49

Educação e limites 57

Conversas entre pais e filhos 65

O trabalho dos pais 69

Quando a mãe trabalha e o pai fica em casa 73

Alimentação 75

Sono 77

Mesada 79

Mentiras 81

O papel do pai 83

E quando falta o pai? 87

Quando os pais se separam 91

Dificuldades no desenvolvimento 97

Introdução

Os livros desta coleção dirigem-se aos pais. Pais que esperam seu filho nascer e pais de crianças e de adolescentes. Pais que desejam conhecer mais profundamente o mundo psicológico de seus filhos para acompanhá-los em suas diferentes etapas do crescimento.

O convívio diário familiar é repleto de alegrias e novas descobertas que os filhos proporcionam aos pais. Mas é também palco de conflitos e dificuldades que surgem naturalmente em qualquer ambiente familiar. Não são poucas as situações que provocam nos pais sensações de perplexidade, angústia e muitas dúvidas diante dos comportamentos e das reações dos filhos. Muitas vezes, os pais gostariam de conhecê-los melhor, de compreender o que eles vivenciam e saber por que reagem e se comportam dessa ou daquela maneira. Gostariam de acompanhar mais de perto as experiências de vida dos filhos, mas nem sempre conseguem entendê-los e colocar-se no lugar deles. Gostariam de poder ajudá-los nos períodos de tormentas e dificuldades que encontram em seu crescimento, mas não sabem como fazê-lo. Ou ainda gostariam de entender por que a fase específica em que os filhos se encontram afeta tanto a eles próprios, fazendo com que se sintam incapazes de lidar melhor com as situações que se apresentam.

A Conquista da Independência – A criança de 6 a 12 anos

Por meio destes livros, desejo prestar alguma ajuda aos pais nessa tentativa de compreenderem melhor seus filhos. Sabemos que essa compreensão favorece a aproximação entre pais e filhos e contribui de forma muito positiva para as relações entre eles. Com esse objetivo em mente, procurei levar aos pais um pouco dos conhecimentos que pude adquirir em mais de 30 anos de experiência como psicóloga clínica de crianças e adolescentes.

O primeiro volume refere-se ao período da gravidez e primeiro ano de vida. Para favorecer a vinda do bebê ao mundo em condições psicológicas satisfatórias, é preciso cuidar da saúde emocional da gestante e do pai do bebê. Sendo assim, é também deles que o livro trata, abordando as experiências emocionais mais comuns vividas pelos pais nesse período em que aguardam pelo nascimento de seu filho. O primeiro ano de vida, tão fundamental para a formação dos vínculos mãe-bebê e pai-bebê, é descrito considerando-se as primeiras experiências do bebê no mundo e seu desenvolvimento ao longo desse período.

O segundo volume trata do mundo psicológico da criança de 1 a 5 anos. É uma etapa em que os vínculos familiares têm importância central para a estruturação da vida emocional da criança e na qual ela vive experiências marcantes em seu desenvolvimento. Retirar as fraldas, ganhar um irmão e entrar na escola são algumas das experiências de que o livro trata.

O terceiro volume dirige-se aos pais de crianças de 6 a 12 anos, isto é, até o momento que antecede o início da puberdade. Essa é uma fase de grandes mudanças

Introdução

na vida da criança e em suas relações com o mundo e a família. O livro procura abordar as questões mais importantes e significativas que fazem parte dessa etapa da vida infantil.

O quarto volume trata da puberdade e adolescência. Nessa fase de grandes transformações no comportamento, nas vivências e necessidades dos filhos, os pais desejam entendê-los melhor, a fim de saber como lidar com eles e contribuir positivamente para sua evolução em direção à fase adulta. O livro trata das principais situações que fazem parte dessa fase, incluindo as conquistas, necessidades, angústias e rebeldias que acompanham o processo de "adolescer".

Atualmente, a psicologia já faz parte da vida das pessoas, sendo reconhecida como uma ciência preocupada com o bem-estar e a saúde mental do homem e que ajudou a desvendar a importância da infância e adolescência no desenvolvimento do indivíduo. É dessas fases da vida que dependem, em grande parte, a saúde mental do ser humano e a possibilidade de preparar um caminho benéfico para se chegar à vida adulta. Esta coleção pretende ajudar os pais a facilitar e promover um crescimento saudável pela jornada do viver de seus filhos. Espero que o leitor possa ver realizada essa intenção.

Eliana Marcello De Felice

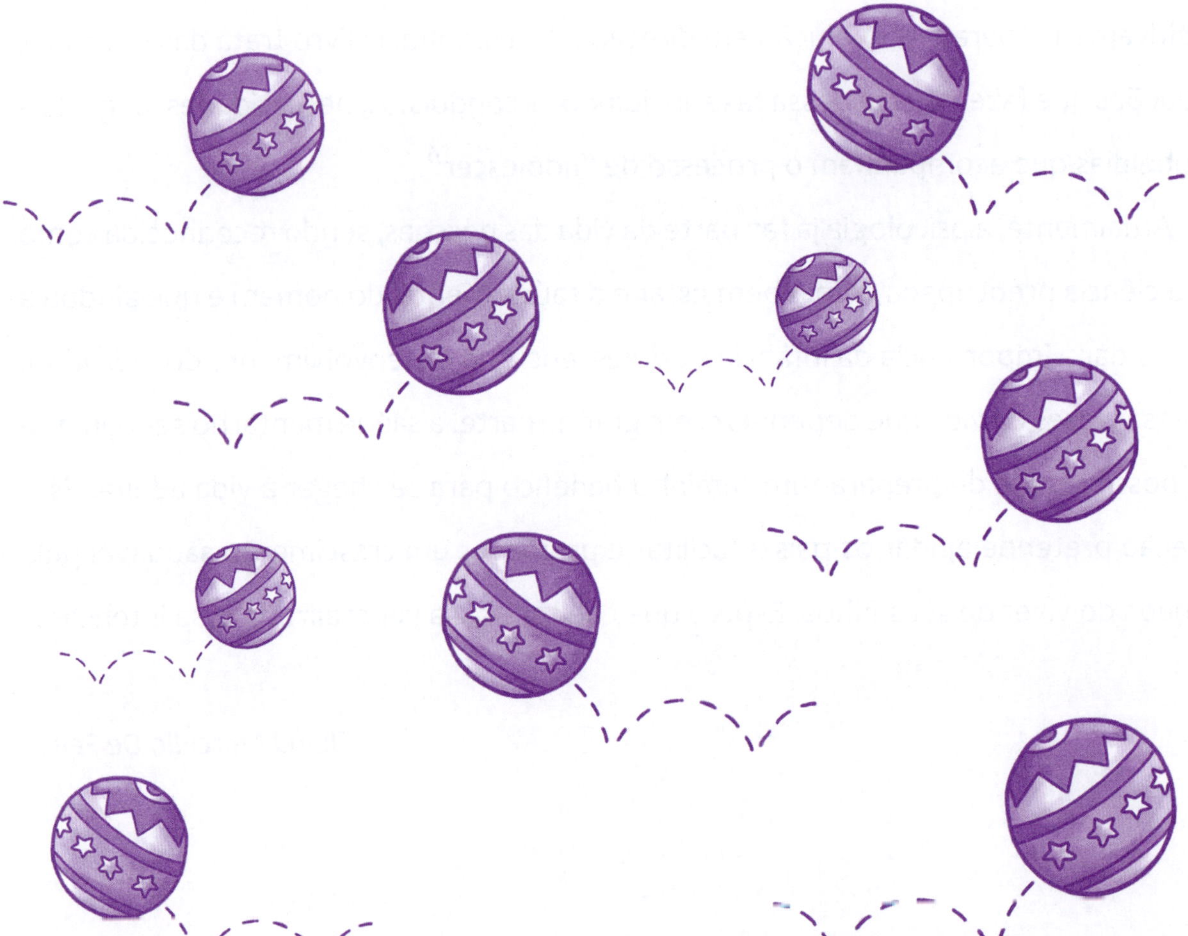

Uma criança mais madura

Começa agora uma nova fase na vida da criança! A menininha ou o menininho dependente dos pais, que os acompanhava a todo lugar e que os via como os centros de sua vida, foi cedendo lugar a uma criança mais madura, independente e que se interessa muito pelo mundo fora de casa e pelas relações com os amigos.

A ligação anterior com os pais, intensa e repleta de emoções misturadas de amor, raiva e ciúme, vai se transformando. O crescimento gera uma diminuição nas paixões infantis dirigidas aos pais. Isso não quer dizer que eles deixem de ser as figuras mais importantes para a criança, mas ocorre uma mudança na qualidade do vínculo com eles. Seu amor a eles deixa de ser tão passional, sua ligação com eles ganha um novo colorido.

Essa fase da infância, que se inicia por volta dos 6 anos de idade, é uma etapa de relativa calma na vida afetiva da criança. Tanto a relação com os pais como com os

A Conquista da Independência – A criança de 6 a 12 anos

irmãos torna-se menos explosiva e com menos arroubos de sentimentos, mostrando-se mais calma e também mais madura. Entre os sinais de amadurecimento da criança, vemos sua capacidade de enxergar os pais sob um prisma mais realístico. Antes, eles eram para ela seres onipotentes, que tudo sabiam e tudo podiam. Agora os pais passam a ser vistos como pessoas mais reais e humanas, que possuem capacidades mas também limitações. A criança começa a perceber que os pais têm qualidades e defeitos e passa a compará-los com os pais dos amigos e com os adultos em geral.

Por exemplo, um menino de 7 anos foi pela primeira vez à casa de um amigo da escola. Quando voltou, contou à mãe que os pais do amigo conversaram muito com ele e com o amigo durante o almoço e comentou que eles eram brincalhões e engraçados, bem diferentes de como eram seus pais, que eram calados e sérios.

O menino parecia ter se encantado e admirado com os pais do amigo, o que fez com que sua mãe se sentisse, inicialmente, um pouco "ferida" por se ver assim comparada com outros pais. Porém, ela disse ao filho que, de fato, ela e o marido não eram expansivos, eram um pouco tímidos e retraídos, e que as pessoas são mesmo diferentes umas das outras. Ou seja, ao mesmo tempo em que ela entendeu a crítica do filho com relação aos pais, ajudou-o a aceitar as diferenças e a compreender melhor as reais características de seus pais.

Pode ser um pouco doloroso para os pais perceberem que não são mais para seus filhos aquelas pessoas endeusadas de antes, mas essa mudança nas crianças indica que elas estão amadurecendo. Estão vendo os pais mais de acordo com o que eles realmente são, o que é

Uma criança mais madura

muito bom para que criem também, de si mesmas, uma imagem mais real, aceitando melhor suas próprias limitações e as diferenças que possuem em relação aos outros.

Outro sinal de amadurecimento da criança é sua maior independência. Ela quer ser cada vez mais independente dos pais e detesta ser tratada como um bebê ou uma criança pequena. Não quer que os pais façam tudo por ela e começa a pedir que a deixem fazer coisas que demonstram que elas cresceram.

Uma das coisas que as crianças desejam é fazer algumas escolhas sobre situações relacionadas a seu dia a dia. É claro que as grandes decisões sobre a vida da criança ainda cabem aos pais, como levá-la ao médico ou tomar determinada vacina. Mas a criança já se torna capaz de fazer pequenas escolhas, por exemplo a roupa que quer vestir, se prefere fazer judô ou futebol, se gosta mais de fazer suas lições de casa na mesa do quarto ou da sala etc. Essa liberdade relativa que se oferece à criança ajuda para que ela se veja como alguém que pode optar e decidir sobre algumas coisas, mostrando que sua opinião é válida. Ela também vai ganhando maior autonomia, aprendendo a pensar por si mesma, sem precisar que os outros decidam tudo por ela.

A maior independência pode propiciar alguns ganhos e novidades na vida da criança. Por exemplo, ela pode passear com amigos e parentes e pode até passar férias com eles. Ela já se sente mais segura de si mesma e mais independente dos pais, o que lhe permite realizar esses afastamentos com relação à família. Todas essas conquistas não impedem, porém, que a criança tenha momentos de insegurança e algumas "recaídas" para um estado de maior dependência.

A Conquista da Independência – A criança de 6 a 12 anos

Por exemplo, uma menina de 8 anos foi convidada para passar uma semana de férias em um hotel com a família de uma amiga da escola. Durante toda a preparação para a viagem, ela estava muito animada com a perspectiva das férias junto da amiga e foi com esse espírito que ela viajou. Na primeira noite, porém, ela ficou muito angustiada e disse que queria voltar para casa. A mãe da amiga falou-lhe que naquele momento não daria para levá-la de volta e tentou acalmá-la, propondo que telefonasse para a mãe.

A menina então conversou um pouco com a mãe por telefone e disse-lhe que "estava com saudades", por isso queria voltar. A mãe não se angustiou com a reação da filha, o que foi muito bom, pois conseguiu tranquilizá-la e incentivá-la a permanecer na viagem, assegurando-lhe que tudo ficaria bem e que ter saudades era normal. Após essa conversa com a mãe, a menina dormiu e nos dias que se seguiram não pediu mais para voltar para casa, apenas queria conversar todas as noites com a mãe por telefone.

Essa menina mostrou-se preparada para uma separação maior em relação à mãe e à família, pois ela mesma pediu para viajar com a amiga e ficou muito animada com a ideia. Porém, na primeira noite longe de casa, sentiu-se insegura e desamparada, regredindo a um estado de maior dependência em relação à mãe. Tratou-se, porém, de um estado passageiro, bastando falar um pouco com a mãe para adquirir nova segurança e certificar-se de que a mãe "estava lá", do outro lado da linha, dando-lhe apoio, confiança, e estimulando-a para prosseguir em seu ganho de independência. Essas oscilações entre dependência e independência são normais e naturais no crescimento de toda criança.

Uma criança mais madura

A atitude dos pais de permitir que aos poucos o filho ganhe maior independência é muito benéfica. Tentar mantê-lo infantilizado, "atado" aos pais e dependente deles, incapaz de enfrentar separações em relação à família, prejudica seu desenvolvimento. Algumas vezes isso acontece porque os pais (ou um deles), talvez sem perceber, tentam manter o filho pequeno, o "bebê" que ele era há pouco tempo e que lhes dava muita satisfação, preenchendo algo importante para eles mesmos. Mas com isso a criança pode tornar-se muito insegura frente a qualquer desafio do crescimento, ou mesmo culpada quando desejar tornar-se mais independente.

A atitude oposta também é prejudicial à criança. Exigir que ela cresça rapidamente, que se mostre logo muito independente e madura, que assuma tarefas que não são apropriadas para sua idade, como se responsabilizar pelos cuidados de irmãos menores ou cuidar sozinha da casa, pode provocar na criança o medo de crescer ou um amadurecimento prematuro. Neste último caso, podem ser "puladas" etapas necessárias do desenvolvimento, que envolvem uma imaturidade relativa e oscilações normais entre dependência e independência, rompendo um processo que deve ser gradual e natural.

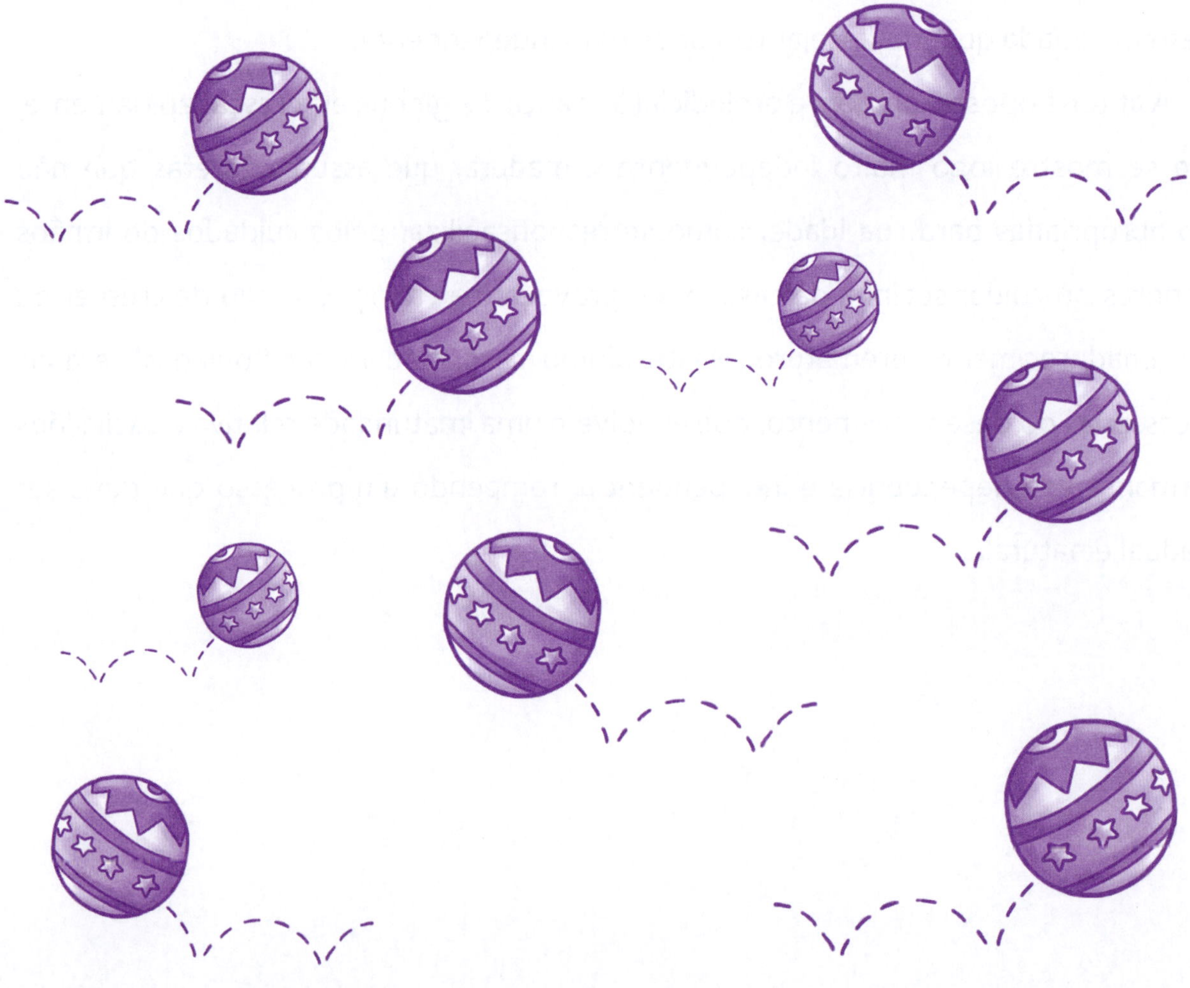

O mundo fora do lar, os amigos e a sexualidade

As mudanças que ocorrem nas relações com os pais nessa fase da vida da criança são acompanhadas pela ampliação de seus interesses pelo mundo externo. Suas energias mentais e emocionais, antes focalizadas predominantemente sobre a família, são em grande parte deslocadas para fora do lar. A escola, os amigos e as atividades realizadas à parte da vida doméstica passam a ser os grandes interesses das crianças nessa fase.

Elas têm grande prazer em dormir na casa dos amigos, em realizar jogos e atividades com eles, em fazer passeios fora de casa. O mundo externo é visto pelas crianças como um lugar cheio de coisas interessantes e desafiadoras. E os amigos são seus aliados e companheiros, para os quais a criança dirige seus sentimentos de amor e raiva.

A Conquista da Independência – A criança de 6 a 12 anos

Com os amigos a criança desenvolve, nessa etapa, fortes relações. Ela tem seus amigos preferidos e seus "grupinhos" que estão sempre juntos. Passam a ter uma maneira parecida de falar e de se comportar, mostrando que há uma identificação entre eles.

Mas ocorrem também brigas entre as crianças, pois elas podem competir entre si, sentir raiva ou ciúme umas das outras. Muitas vezes os pais ficam em dúvida se devem interferir nas brigas dos filhos com os amigos. É claro que em alguns casos mais extremos eles percebem que precisam intervir, por exemplo quando as crianças se envolvem em uma disputa mais violenta, com agressões além de certos limites. Porém é muito interessante, sempre que possível, deixar que as próprias crianças tentem resolver a situação, encontrando meios para isso.

A interferência dos pais nas brigas entre os filhos e seus amigos, algumas vezes prematura e motivada pela angústia ou pelo desejo de proteger os filhos, pode agravar a situação. Por exemplo, uma menina de 8 anos brigou com sua melhor amiga, que morava no mesmo prédio que ela. Ela estava inconsolada e chegou em casa aos prantos, pois era a primeira vez que brigava com essa amiga. A mãe, vendo-a assim, ficou muito angustiada e resolveu "ajudar" a reconciliar as duas. Pegou a filha pela mão e foi com ela até o andar térreo do prédio, onde se encontrava a amiga. Chegando lá, reuniu as duas e perguntou à menina o motivo de ter brigado com sua filha. Disse-lhe que não era para brigarem, pediu que se abraçassem e fizessem as pazes.

A amiga obedeceu e as duas, aparentemente, reconciliaram-se. Porém, a partir desse episódio, os conflitos entre as duas amigas se acentuaram. Logo depois dessa

O mundo fora do lar, os amigos e a sexualidade

interferência da mãe, sua filha passou a ser constantemente agredida pela amiga, que a chamava de "filhinha da mamãe", zombava dela junto com outras amigas do prédio e a provocava muito.

A mãe percebeu que grande parte do que estava acontecendo entre as duas amigas havia sido provocado por sua interferência. Ao abordar a amiga de sua filha, a mãe a deixou muito assustada e fez com que ela se sentisse invadida e indefesa. Não conseguindo reagir naquele momento, a amiga deslocou toda a raiva da situação para a menina, com quem antes tinha uma relação muito afetiva. Passou a agredi-la constantemente, procurando livrar-se do sentimento de opressão que vivera, colocando-o na menina. Foi preciso certo tempo para que as duas amigas voltassem a viver harmoniosamente, como era antes da briga.

A interferência da mãe surgiu de sua angústia diante da tristeza da filha. Sentindo-se invadida por essa angústia, a mãe não conseguiu pensar melhor sobre a situação e agiu impulsivamente. Ela acabou percebendo que, com isso, também não pôde ajudar sua filha a pensar sobre o que motivou a briga com a amiga e como ela mesma poderia resolver o conflito entre elas.

Como mostram inúmeras situações como essa, a interferência dos pais nas brigas cotidianas entre crianças pode prejudicar um processo que teria um desenvolvimento natural, em que as próprias crianças encontrariam formas de solucionar os conflitos que surgem entre elas, o que poderia propiciar-lhes muitas aprendizagens interessantes.

Uma característica dos grupos de amigos nessa fase é a separação entre os meninos e as meninas. Os meninos andam juntos e não se misturam muito com as meninas e

A Conquista da Independência – A criança de 6 a 12 anos

vice-versa. Uma das funções dessa separação é a consolidação da própria identidade sexual. Os grupos de meninos e meninas ajudam a criança a se identificar com seus companheiros, afirmando para ela o fato de pertencer ao gênero masculino ou feminino. A criança vai procurar em seus "líderes" as características que ela considera ideais em seu gênero, que ela admira e deseja imitar.

Por exemplo, o menino poderá ter um amigo que ele considera forte, corajoso e destemido e fará todo o possível para se assemelhar a ele. A menina poderá ter uma colega que ela acha muito bonita, possuidora dos atributos femininos que ela deseja ter, e tentará imitar seu comportamento e suas roupas. Todas essas identificações são importantes porque ajudam a firmar na criança seu sentimento de pertencer a seu gênero e a desenvolver as características que lhe são próprias.

Mas os grupos separados de meninos e meninas também resultam de um bloqueio natural que a sexualidade infantil sofre nessa fase. A amizade com companheiros do mesmo sexo ajuda a manter a sexualidade mais afastada. Isso não quer dizer que as crianças, nessa etapa do desenvolvimento, não tenham desejos e excitabilidade sexuais, o que pode ser observado em suas atividades masturbatórias, por exemplo. Porém, a força da sexualidade revelada na fase anterior, em que os pais representavam os personagens mais importantes de suas fantasias sexuais, sofre agora uma contenção. É como se, junto com isso, se produzisse um freio geral sobre a sexualidade infantil.

Esse bloqueio natural sobre a sexualidade pode ser observado por meio de diversos comportamentos das crianças. Por exemplo, elas geralmente já não fazem

O mundo fora do lar, os amigos e a sexualidade

muitas perguntas aos pais sobre sexualidade. Suas curiosidades sobre o tema podem não aparecer ou podem surgir de forma mais velada, por exemplo, observando de forma "disfarçada" casais de namorados trocando carícias.

As crianças também podem apresentar algumas "defesas" contra seus próprios desejos e curiosidades sexuais. Isso pode aparecer na forma de "vergonha" ou até "nojo" diante das manifestações da sexualidade. O pai de um garoto de 9 anos contou que o filho fechava os olhos cada vez que via numa novela uma cena de beijo, dizendo que aquilo lhe "dava nojo". Essa foi uma forma que o menino encontrou para não se defrontar com seus próprios desejos e curiosidades que aquelas cenas lhe despertavam.

Esse processo de contenção e bloqueio sobre a sexualidade é natural e esperado nessa fase, pois prepara as crianças para a etapa seguinte, a puberdade e adolescência, na qual a sexualidade retoma sua força e passa a ser dirigida para pessoas fora do lar. Para isso, as crianças dessa fase anterior à puberdade sentem a necessidade de romper, em parte, o intenso vínculo que antes tinham com os pais, que era mesclado de desejos sensuais. Existe uma luta dentro delas para crescer, que as impele a dirigir sua sexualidade para fora do lar, fazendo com que elas sintam a necessidade de separar-se um pouco mais dos pais e de conter antigos desejos que nutriam com relação a eles.

Por exemplo, um menino de 8 anos que quando pequeno era muito afetivo e carinhoso com a mãe começou a reagir e se esquivar quando ela se aproximava dele para lhe fazer qualquer carícia. Nesses momentos, ele empurrava a mão da mãe ou "limpava" o rosto quando ela o beijava. A mãe ficava até um pouco magoada, pois o

A Conquista da Independência – A criança de 6 a 12 anos

filho tinha mudado muito seu antigo comportamento terno e amoroso para com ela. Porém, vendo que a maioria dos amigos do filho comportavam-se do mesmo modo com suas mães, ela começou a perceber que aquela era uma reação natural da fase na qual o filho ingressara. Agora ele precisava separar-se um pouco da mãe para cortar o antigo "cordão sensual" que o unia a ela.

Porém, essa maior contenção da sexualidade e a presença de defesas mais poderosas contra ela não significam que as crianças dessa fase deixaram totalmente de lado seus interesses e curiosidades sexuais. Elas ainda podem fazer perguntas sobre sexo aos pais e manifestar claramente seus desejos de conhecer os mistérios da vida sexual. Quando sentem que os pais não possuem excessiva vergonha da própria sexualidade e não ficam muito embaraçados ou constrangidos para tratar desses assuntos, as crianças podem conversar com eles sobre relações sexuais, gravidez, aids, doenças venéreas, homossexualidade etc. É sempre bom quando os pais podem falar abertamente sobre essas questões, respondendo a verdade, mas sempre tomando o cuidado de não forçar a criança a tratar do assunto. O melhor é esperar que a iniciativa venha da própria criança, que saberá dirigir a conversa até onde seus bloqueios e defesas lhe permitirem avançar.

A criança solitária e os momentos de solidão

A relação com os amigos tem grande significado para a criança nessa fase. Ela está buscando maior autonomia e independência da família, necessitando encontrar fora do lar outras relações que possam desempenhar, em parte, a função de acolhimento e segurança que até então era exercida predominantemente pela família. Os grupos de amigos passam a ser, para a criança, seus aliados e companheiros, seus novos pontos de referência e de identificação. Os amigos também ensinam muito uns aos outros, pois cada um apresenta coisas novas que são frutos de sua história pessoal, das experiências que já teve e das características que são únicas a cada pessoa.

A Conquista da Independência – A criança de 6 a 12 anos

É muito difícil crescer sem amigos. As crianças solitárias sofrem muito por não terem com quem compartilhar suas experiências, por não poderem contar com pessoas que as estimulem com todas as coisas de que só os amigos são capazes.

Mas uma criança solitária pode ser ajudada pelos pais. Estes podem estimulá-la a trazer amigos em casa e a aceitar convites para ir a festas e lugares onde possa conviver com crianças de sua idade. Podem até mesmo fazer amizade com os pais das outras crianças para procurar aproximá-las. Essas são algumas das ações que os pais podem realizar para ajudar o filho a sair de seu estado de isolamento.

No entanto, é importante não confundir um estado geral de solidão com *momentos de solidão*. Todas as pessoas precisam de momentos para estar a sós, e com as crianças isso não é diferente. Elas também necessitam ficar isoladas por alguns momentos e isso é muito importante, pois indica que não se assustam com a solidão, que são capazes de se voltar para si mesmas e de ter momentos de introspecção e recolhimento. Uma criança que nunca consegue ficar sozinha, que solicita constantemente atenção e companhia dos outros, pode estar sinalizando dificuldade para ter uma vida íntima e falta de segurança interna. Portanto, as crianças devem ser encorajadas a também ter momentos em que estejam envolvidas em atividades solitárias e individuais.

Jogos e brincadeiras

Embora mais crescidas, as crianças nessa fase ainda necessitam brincar com liberdade. Quando estão juntas, as brincadeiras grupais são muito apreciadas, como o esconde-esconde, o pega-pega, a amarelinha, o pular corda, além de andar de bicicleta, patins e skate. Os jogos esportivos como futebol, vôlei e basquete também são muito atrativos para elas. Brincar e jogar em grupo envolve a participação e o convívio social, o que é muito importante para a criança nessa fase. Ela deseja fazer parte do grupo de amigos e se afirmar perante eles, pois isso favorece sua autoestima positiva. Além disso, as disputas nos jogos possibilitam a expressão da competitividade e rivalidade, que agora podem ser deslocadas para fora da família, o que ajuda a criança a lidar melhor com esses aspectos de si mesma.

A Conquista da Independência – A criança de 6 a 12 anos

As brincadeiras que a criança realiza sozinha também são prazerosas a ela. Fazer montagens, quebra-cabeças, pinturas, modelagens e desenhos são atividades muito apreciadas, além de serem bons estímulos para sua inteligência e criatividade. Os videogames e jogos de computador são também muito procurados. Algumas crianças gostam de ler, e fornecer livros apropriados para sua idade é uma ótima maneira de criar na criança o hábito estimulante e benéfico da leitura.

Aparece também nessa fase o prazer em colecionar. Montar álbuns, comparar coleções com os amigos e trocar com eles figurinhas e outros objetos são atividades muito procuradas. Algumas crianças gostam de guardar coisas, como bilhetes, ingressos de cinema, conchinhas etc. Isso pode ter um significado especial para elas, como o desejo de manter lembranças agradáveis, ou pode ter algum outro sentido mais amplo.

Por exemplo, uma menina de 9 anos e meio passou a adquirir o hábito de guardar em uma caixinha algumas coisas, entre elas tocos de lápis usados e mechas de seu cabelo, que ela recolhia toda vez que cortava os cabelos. Ao mesmo tempo, gostava de colecionar roupas de bonecas. Essa menina estava crescendo rapidamente e a puberdade se aproximava, anunciando em breve as mudanças naturais dessa nova etapa. Parecia que o hábito de guardar e colecionar coisas era uma maneira simbólica de conservar restos da própria infância que estava ficando para trás. Isso fazia parte de um conflito natural desse período, que é a luta interna entre o desejo de crescer e seu oposto, de permanecer infantil e de preservar os prazeres da infância, da qual a criança está aos poucos se despedindo.

Jogos e brincadeiras

Uma nova aquisição da criança nessa fase é a capacidade de realizar jogos com regras. A partir dos 6 anos de idade, a criança começa a ser capaz de aceitar melhor as regras e normas sociais, incluindo as regras de um jogo. Ela sabe esperar sua vez, entende que as regras valem para todos igualmente e compreende plenamente o sentido do "roubo" no jogo. Ela está menos "egocêntrica" nessa fase, perdendo em parte a ilusão infantil de que o mundo deve girar em torno de si e de seus desejos, sendo mais capaz agora de se colocar no lugar do outro. Agora as crianças entendem melhor a posição das outras pessoas e são capazes de ter maior compreensão do ponto de vista do outro, que pode ser diferente do dela. Ela é capaz de entender, por exemplo, que no jogo os outros também têm direitos, que precisam ser considerados e respeitados. Tudo isso implica em um ganho para seu amadurecimento.

Porém, isso não quer dizer que as crianças nessa fase aceitem bem o fato de perder, como, por exemplo, num jogo. Algumas crianças são bastante competitivas nessa etapa, o que pode significar que elas estão buscando uma reafirmação de sua autoestima, de seu valor próprio, desejando ser reconhecidas e valorizadas entre os amigos e companheiros. A perda num jogo pode significar, para uma criança, uma espécie de "ferida" em sua autoestima, um "golpe" na imagem que ela quer manter para os outros e para si própria, podendo ficar muito contrariada e enraivecida nessas ocasiões. É natural que leve um tempo até que as crianças venham a entender que o valor delas não está em ganhar num jogo ou em qualquer forma de competição.

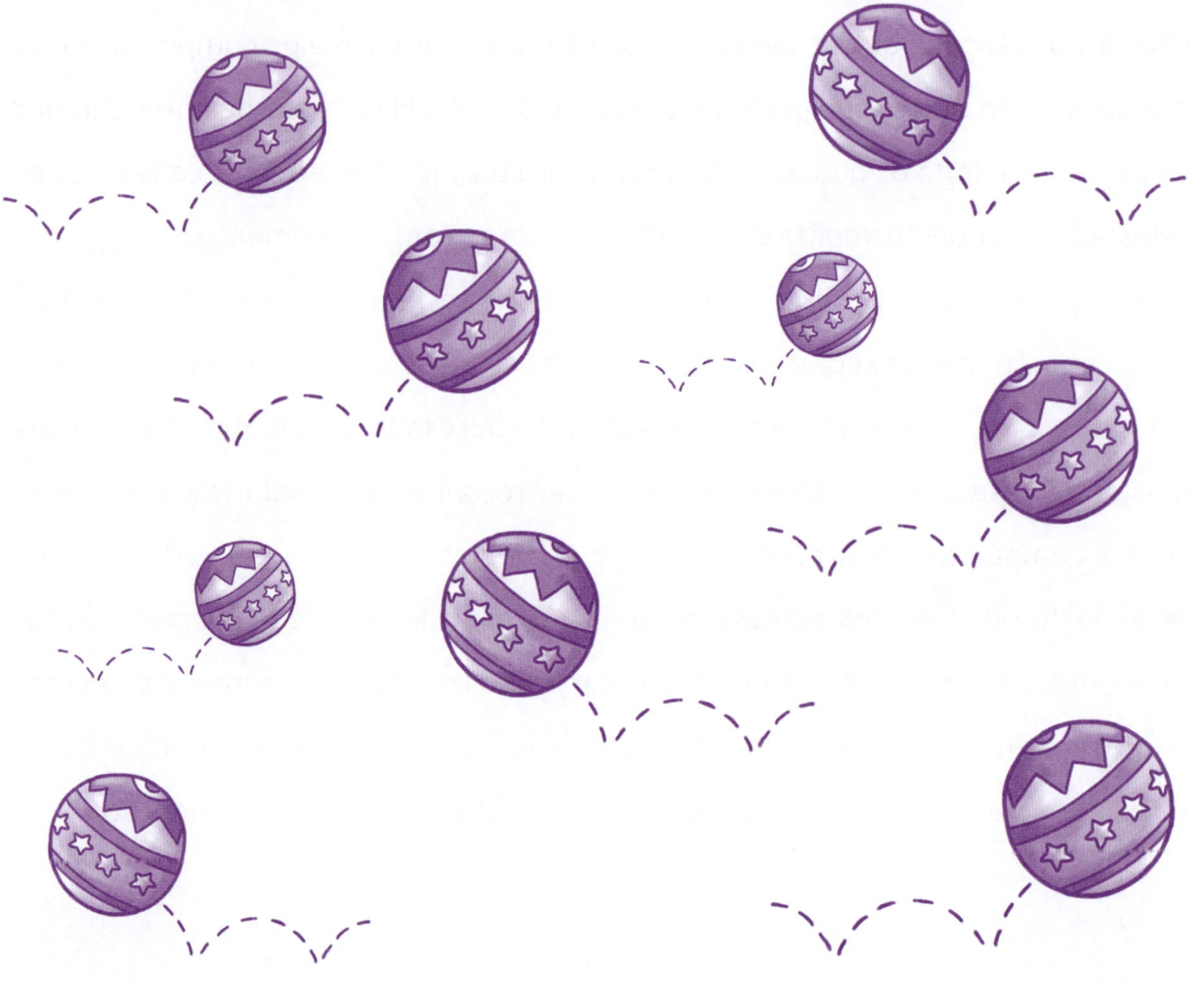

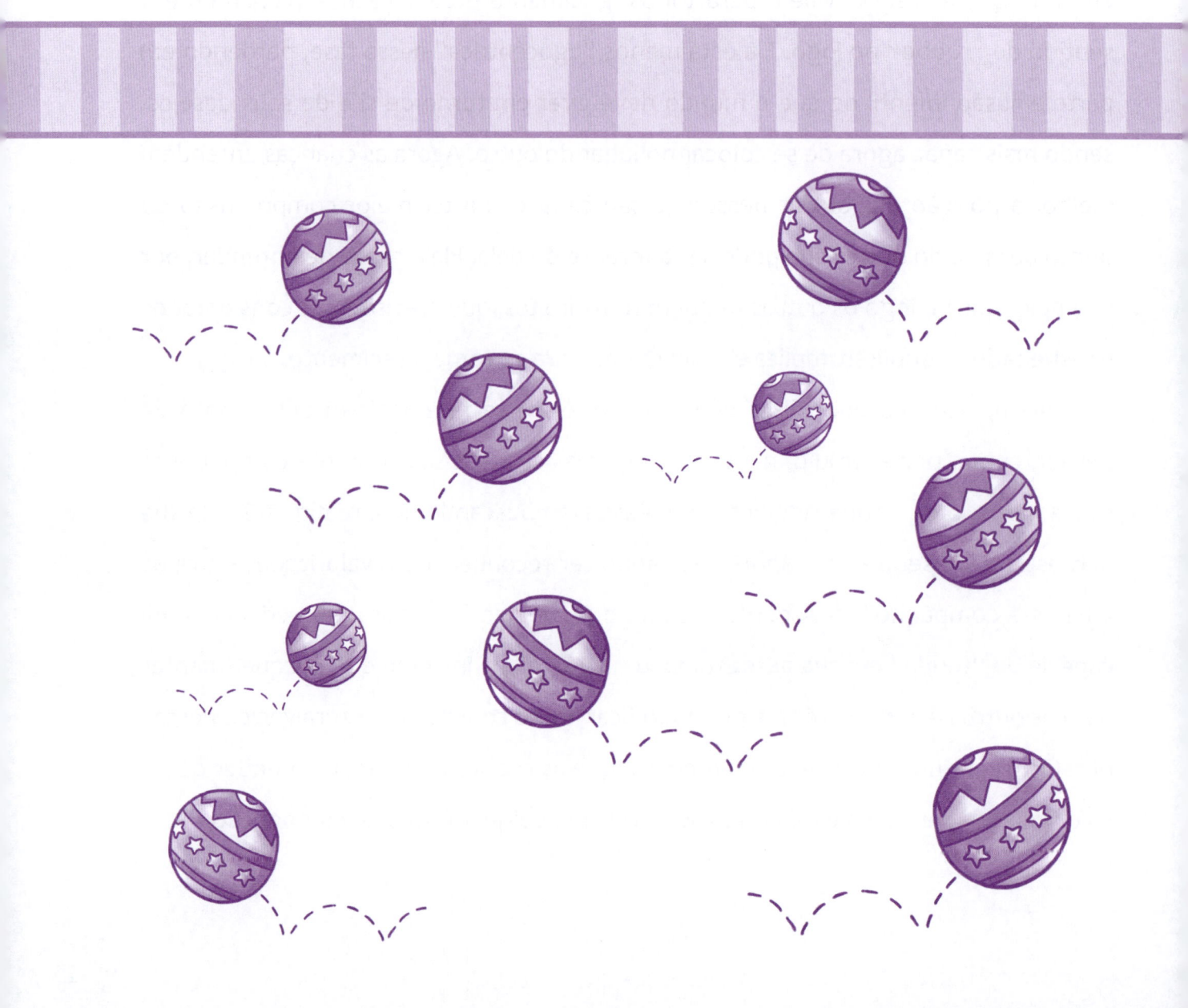

A televisão, o videogame e o computador

A televisão, o videogame e o computador costumam ser largamente utilizados pelas crianças, muitas vezes desde que são bem pequenas. Conforme a criança vai crescendo, cresce também o número de horas diárias que ela passa vendo TV ou entretida no videogame e no computador. Muitas vezes os pais veem a necessidade de restringir essas atividades dos filhos, para que estes não deixem de lado outras coisas que são importantes também.

Uma dessas coisas é a brincadeira e o contato com amigos. Embora a criança possa ver TV ou jogar videogame e computador com outras crianças, ela também precisa ter um tempo para brincar livremente e para desenvolver sua sociabilidade com amigos e companheiros de sua idade, por meio de diversas atividades com eles.

A Conquista da Independência – A criança de 6 a 12 anos

Uma criança que tem pouco contato com amigos e que quase não busca outras formas de diversão e lazer, que não seja ver TV ou brincar no videogame e no computador, está tendo prejuízos em sua vida. O fato de agir assim pode estar sinalizando que ela está encontrando dificuldades em seus relacionamentos sociais. Além disso, as crianças precisam de tempo para se dedicar a suas tarefas escolares e muitas outras coisas.

Nesses casos, os pais podem perceber a necessidade de limitar o tempo que a criança dedica à TV, ao videogame e ao computador. Estabelecer horários para essas atividades e exigir que sejam cumpridos pode ser uma boa maneira de contribuir para que as crianças sejam estimuladas a encontrar outras formas de lazer e a cuidar adequadamente das outras esferas de sua vida.

Os pais também se preocupam com o tipo de conteúdo com o qual o filho está entrando em contato por meio da TV ou do computador. Ficam em dúvida se devem impedir que o filho veja determinados conteúdos e como devem fazer isso.

É claro que muitas vezes os pais precisam "filtrar" esses conteúdos e limitar sua exposição aos filhos. Mas sabemos também que as crianças de mais de 6 anos já possuem uma independência relativa dos pais e que não adianta simplesmente proibi-las de fazer coisas. Além disso, a proibição constante não costuma ser uma prática educacional interessante, pois não leva em conta a capacidade da criança de entender por que os pais a estão proibindo e com o que eles estão preocupados.

A televisão, o videogame e o computador

O mais interessante é conversar com a criança sobre os assuntos que preocupam os pais. A criança de mais de 6 anos tem grande capacidade de compreender as razões dos pais e de compartilhar com eles os assuntos que dizem respeito a sua vida.

Conversar com a criança sobre os conteúdos que ela vê na TV ou na internet, por exemplo, pode ser bastante enriquecedor para ela. Ao observar o que o filho está fazendo, ao assistir com ele alguns de seus programas preferidos e jogar com ele alguns de seus jogos, os pais podem interpretar com o filho o que ele vê e suas experiências, ajudando-o a refletir sobre os conteúdos com que se depara. Dessa forma, a criança pode construir seus próprios "filtros internos", ou seja, pode aprender a avaliar os fatos e a fazer as escolhas mais benéficas para si própria. É assim que ela vai crescendo e desenvolvendo-se de forma mais autônoma e madura.

A partir dessas conversas com os pais, as crianças têm a oportunidade de desenvolver uma visão mais crítica, ficando cada vez menos vulneráveis e passivas diante da avalanche de estímulos e informações que esses meios de comunicação transmitem, além de mais amadurecidas e seguras de suas próprias ideias e referenciais.

A mãe de uma menina de 11 anos percebeu a necessidade de conversar com a filha sobre os valores que esta vinha cultivando e que eram estimulados pela televisão. Essa menina era muito preocupada com sua aparência. Queria ser sempre a mais bonita das amigas e estar com as roupas e as bijuterias mais chamativas. Ela competia bastante com as outras meninas de sua idade no quesito "beleza". Essa menina adorava novelas e sempre se identificava com a "personagem mais bonita", admirando suas roupas,

A Conquista da Independência – A criança de 6 a 12 anos

sua maquiagem, seus cabelos... Apesar de a mãe perceber que esses comportamentos da filha eram naturais, pois faziam parte da vaidade característica de sua idade, ela percebia também que a filha estava cultivando em si valores fortemente associados à aparência, superficialidade e modismo.

A mãe começou então a assistir junto com a filha a uma de suas novelas prediletas e, a partir das situações apresentadas, procurava conversar com a filha sobre o que viam. Comentava e questionava a extrema valorização do físico e da aparência, tão acentuada nas novelas, a competição excessiva em detrimento da profundidade e do compartilhar nas amizades etc. Em uma linguagem próxima à da filha, ela procurava fazê-la pensar sobre seu comportamento e seus valores. É claro que os efeitos dessas conversas não são imediatos, mas elas estavam criando na menina "sementes" de novos valores que poderiam desabrochar no futuro.

Da mesma forma, o incentivo ao consumo a que a televisão induz as crianças pode ser combatido em conversas com elas, nas quais várias questões podem ser discutidas. As crianças são capazes de compreender, por exemplo, que as propagandas visam fazer-nos comprar e comprar, que nem tudo que é anunciado na televisão é interessante, além das questões relacionadas ao custo dos produtos e às possibilidades da família. É claro que as ações dos pais também contarão muito. Quando a família procura estar sempre adquirindo os produtos anunciados na televisão, valorizando muito o consumo de marcas associadas a "*status social*", as crianças tenderão a imitar as mesmas atitudes e a valorizar o que elas percebem como os padrões de ideais familiares.

A televisão, o videogame e o computador

Outro aspecto que costuma preocupar os pais refere-se à exposição das crianças a cenas de violência mostradas na TV ou que fazem parte de alguns jogos de videogame e computador. Os pais se perguntam se essa exposição pode desenvolver nas crianças maior agressividade e, por isso, se devem impedi-las de entrar em contato com esses conteúdos.

A psicologia infantil mostrou que a violência apresentada num filme ou num jogo atua para a criança como uma exteriorização de sua própria agressividade, por isso a atrai tanto. Nas lutas e nas matanças entre os personagens, a criança vê representados seus próprios desejos agressivos, com os quais ela está aprendendo a conviver e lidar. Quando os níveis de violência apresentados à criança são muito acentuados, ela pode ficar mais assustada com sua própria agressividade e seus efeitos. A exposição excessiva a conteúdos violentos e agressivos também pode ajudar a criar um modelo de solução de problemas baseado na disputa agressiva.

Por outro lado, se a criança for sempre proibida de entrar em contato com filmes ou jogos que apresentam esse tipo de conteúdo, ela poderá acreditar que sentimentos de raiva e agressividade são muito perigosos e precisam ser severamente contidos. Não há por que se adotar qualquer postura mais radical: restringir totalmente ou liberar sem limites. O equilíbrio costuma ser a melhor medida sempre.

Não podemos ter a ingenuidade de pensar que os filmes e jogos violentos, por si sós, tornam as crianças agressivas. Os modelos de relações familiares são muito mais poderosos nesse sentido. Uma criança que vive em um lar no qual as pessoas se

A Conquista da Independência – A criança de 6 a 12 anos

respeitam e as desavenças não são tratadas com violência, tem menos probabilidade de se tornar agressiva e é muito mais imune às influências de qualquer tipo de exposição a conteúdos de agressividade.

Sabemos que existem crianças mais agressivas e outras menos. Mas também sabemos que a agressividade está em todos nós, em algum nível. Uma dose de agressividade é necessária à vida, é ela que impulsiona o indivíduo para buscar seus objetivos e lutar por seus desejos. Uma criança cuja agressividade está completamente bloqueada está tão prejudicada como aquela que manifesta sem qualquer freio sua raiva. Se uma criança é severamente proibida de expressar sua agressividade, poderá ser levada a reprimir uma parte importante de sua personalidade. A possibilidade de expressar e lidar de algum modo com seus sentimentos agressivos, seja assistindo a um filme no qual existem mortes e matanças, seja brincando de espada ou de guerra, é uma necessidade de toda criança.

Portanto, o contato da criança com a TV, o videogame e o computador, se realizado numa medida equilibrada, pode ser bastante proveitoso para a criança. Ela se defronta com conteúdos variados que lhe permitem aprender muita coisa, lidar com sentimentos e se manter ligada com o mundo externo. Eles são meios de diversão e aprendizagem que podem somar-se a todos os outros que a criança possui a sua disposição.

Relações com os irmãos

Ter irmãos traz muitos benefícios às crianças. Assim como os amigos, os irmãos ensinam muitas coisas uns aos outros: a compartilhar, a ceder, a se socializar e a lidar com sentimentos de ciúme e competição. No entanto, as relações entre amigos e entre irmãos apresentam diferenças, até mesmo porque estes últimos fazem parte da mesma família, e esse fato tem implicações significativas.

Em primeiro lugar, irmãos serão irmãos para toda a vida, enquanto que os amigos podem ser mudados e trocados. Além disso, com os irmãos, a criança precisa dividir o afeto e a atenção dos pais, que são as pessoas com quem ela mantém seus vínculos mais intensos. Os irmãos despertam sentimentos muito fortes nas crianças, com qualidades amorosas e também hostis, e que estão ligados a todo o conjunto das relações familiares. As vivências com os irmãos são muito valiosas para a criança, na

A Conquista da Independência — A criança de 6 a 12 anos

medida em que ela aprende a lidar com sentimentos mais intensos, podendo obter grande amadurecimento através de suas experiências com eles.

Dessa forma, a convivência diária com os irmãos enriquece muito a vida da criança. Os irmãos mais velhos costumam ser muito admirados pelos menores e são fonte de grande aprendizagem e estimulação para os pequenos. Do outro lado, a experiência de ganhar um irmão menor, por mais que provoque sentimentos de ciúme nos maiores, é muito significativa para estes.

Nessa fase da vida da criança, o nascimento de um irmãozinho costuma provocar reações menos intensas do que quando ela é menor. A partir dos 6 anos de idade, a criança tem mais recursos emocionais para lidar com a situação, pois ela possui muitos outros interesses em sua vida, gosta de ser mais independente e desenvolveu mais segurança em sua relação com os pais ao longo de seu crescimento. Isso não quer dizer, no entanto, que ela não tenha sentimentos de ciúme pela chegada de um irmão. Ela pode tornar-se mais "mal-humorada", opositora aos pais, menos afetiva... Mas seus recursos lhe permitem agora lidar melhor com o ciúme e a insegurança.

Quando os pais podem ajudar a minimizar esses sentimentos mantendo, na medida do possível, a atenção, a disponibilidade e o carinho aos filhos maiores, a hostilidade ao bebê e aos pais, normal nessas circunstâncias, vai sendo contrabalançada aos poucos pelo afeto ao novo membro da família e pelo prazer em brincar e interagir com ele. Muitas vezes, esse sentimento de afeto dos irmãos maiores pelos menores passa a se apresentar como um desejo de proteção e amparo que se mantém por toda a vida.

Relação com os irmãos

As crianças que possuem irmãos tendem a se sentir menos solitárias do que os filhos únicos. Os irmãos podem ser seus companheiros de brincadeiras, de viagens familiares, de lazer em comum. Podem também ser seus aliados em alguns momentos, nos quais a criança poderá contar com eles para ouvi-la e ajudá-la em suas tristezas e dificuldades. Às vezes é mais fácil compartilhar determinados conflitos com os irmãos do que com os pais.

Ter irmãos também propicia que os afetos dos pais não sejam dirigidos para um só filho. Isso pode ser muito importante para a criança, pois ela terá a oportunidade de dividir com os irmãos as expectativas, os anseios e os sentimentos dos pais. Todos os pais possuem muitos desejos e esperanças com relação aos filhos, às vezes até antes de eles nascerem. Isso é inevitável, e o filho único pode se ver às voltas com a tarefa de corresponder sozinho aos desejos parentais e suprir suas necessidades emocionais. Tudo isso pode ficar um pouco mais "diluído" quando existem mais filhos.

Mas não é só na infância que os irmãos são importantes. Na adolescência e vida adulta o convívio com os irmãos pode ser muito valioso. Algumas relações entre irmãos se convertem em grandes amizades, fazendo surgir a confiança e a intimidade. O aumento das famílias enriquece a vida de todos e se amplia com a convivência com cunhados, cunhadas e sobrinhos. Com os irmãos pode-se também repartir os problemas familiares, as decisões que envolvem o cuidado dos pais idosos e muitas outras coisas.

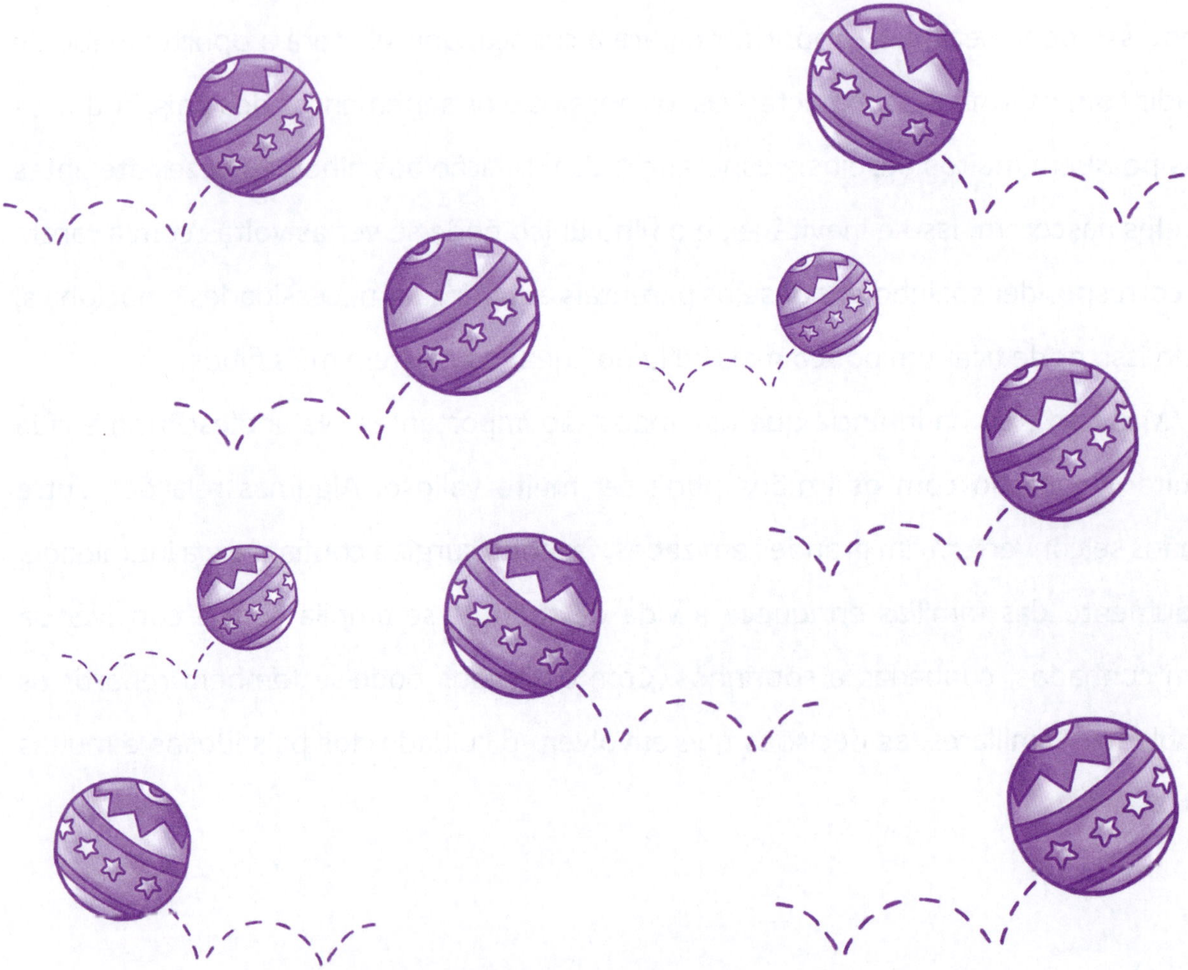

O filho único

Embora existam muitos benefícios à criança pelo fato de possuir irmãos, é fato hoje que muitos casais têm um único filho, alguns por opção em razão do longo tempo demandado pelo trabalho, ou pelas próprias dificuldades atuais na educação e criação dos filhos.

O filho único não é, necessariamente, uma pessoa solitária ou que tenha problemas por não ter irmãos. Ele pode crescer e desenvolver-se muito bem, encontrando diversos meios para se socializar e sentir-se menos solitário. Por exemplo, alguns filhos únicos têm muitos amigos, compartilhando com eles diversas experiências que teriam com um irmão. Outros procuram em um bichinho de estimação o companheiro constante e permanente de que sentem falta. Muito embora os amigos e os animais não possam substituir totalmente um irmão, eles podem ajudar o filho único a se sentir mais acompanhado e propiciar-lhe experiências de convívio importantes e necessárias.

A Conquista da Independência – A criança de 6 a 12 anos

Os pais podem oferecer ao filho único diversas oportunidades de contato com outras crianças, o que lhe será de grande benefício. Estimular o convite aos amigos do filho para virem à casa, permitir que o filho frequente a casa dos colegas, que viaje com outras famílias que possuem filhos, são algumas das formas de ajudá-lo a se socializar e a não se sentir solitário.

Às vezes, a mãe ou o pai do filho único pode ser-lhe muito apegado, tendo alguma dificuldade para "reparti-lo" com os outros. Ou ainda estimulam no filho, sem perceber, sensações de responsabilidade por eles, e o filho passa a sentir que precisa cuidar dos pais e oferecer-lhes companhia constante. Mas é preciso que os pais estejam atentos a isso, a fim de evitar que o filho sofra por ter de permanecer atado aos pais e sinta-se culpado quando desejar libertar-se um pouco do vínculo com eles.

Os pais também podem ajudar seu filho único educando-o de modo a conseguir um amadurecimento adequado e a conquistar autonomia e independência. "Mimá-lo" demais, impedir que ele faça coisas por si mesmo e protegê-lo excessivamente, são atitudes dos pais que podem infantilizar o filho.

Alguns pais sentem-se culpados pelo fato de o filho não ter irmãos, querendo evitar que ele tenha qualquer frustração ou procurando não lhe colocar limites. Porém, isso é prejudicial à criança, que pode desenvolver atitudes imaturas perante a vida. Se os pais puderem estar atentos a seus sentimentos de culpa com relação aos filhos, poderão controlar melhor seus efeitos sobre a educação que lhes dão. Afinal, não há uma forma única e ideal de se constituir uma família.

A identidade pessoal

Quer a criança tenha irmãos, quer seja filha única, ela necessita ter um "espaço" próprio na família para formar e revelar sua identidade pessoal. Quando falamos em identidade de uma pessoa, pensamos em algo como sua individualidade, ou seja, as características que a definem como alguém único e diferenciado em relação a todos os outros seres humanos.

Desde que nasce, a criança começa a revelar suas primeiras características próprias. Conforme vai crescendo, mais e mais aspectos de sua personalidade vão se expressando, como seu temperamento, os gostos, as reações, o estilo de ser, permitindo que a criança se conheça e seja conhecida pelos outros. Esses aspectos pessoais carregam em si o núcleo da personalidade e do verdadeiro "eu" de cada um.

A Conquista da Independência – A criança de 6 a 12 anos

Os pais logo aprendem a reconhecer cada um de seus filhos. Percebem, desde que são bebês, que eles são diferentes e que cada um tem suas próprias características. Por exemplo, um bebê é muito voraz ao mamar, outro mama aos pouquinhos, parece mais contido. Um gosta de passear e ver pessoas, outro chora quando é levado a lugares que não lhe são familiares. Quando crescem um pouco, um deles logo se revela extrovertido e risonho com as pessoas, o outro é tímido e se retrai frente à aproximação de estranhos. As características de cada um o tornam um ser único e individual.

Quando os pais reconhecem e aceitam a individualidade dos filhos, colaboram para que estes também aceitem a si mesmos, sem sentir que precisariam ser diferentes para agradar aos outros. Podem expressar sua singularidade e respeitar a singularidade das pessoas que os cercam, o que é muito benéfico em uma família, pois cada um pode se perceber como um indivíduo separado e diferente dos pais e dos irmãos. Cada membro da família deve possuir um "espaço psicológico" próprio, que lhe permite viver e gozar da liberdade de existir como si mesmo.

É lógico que os pais possuem muitos desejos em relação aos filhos. Gostariam que estes realizassem muitos de seus próprios sonhos. Afinal, os filhos são sentidos, de certa forma, como "partes" dos pais, e tudo o que acontece com o filho é vivido como se fosse com os pais mesmos. Se o filho alcança uma grande conquista na vida, isso reverte para o amor-próprio dos pais, que se sentem vitoriosos pelo sucesso do filho. Se este experimenta um fracasso, surge uma grande ferida nos pais, como um golpe

A identidade pessoal

à própria autoestima. Tudo isso faz parte do amor dos pais pelos filhos. E dessa forma estes podem sentir o quanto são importantes e queridos para seus pais.

Porém, em meio às expectativas e sonhos dos pais, os filhos precisam encontrar espaço para que suas próprias características, sonhos e escolhas pessoais possam existir e se revelar. Os desejos dos filhos nem sempre são os mesmos que os pais nutrem com relação a eles. A forma e o estilo de ser de uma criança nem sempre correspondem ao que os pais desejariam ver nela.

Por exemplo, a criança pode ser quieta e retraída, sendo que o pai desejaria ter um filho comunicativo e sociável, qualidades que ele sempre admirou nas pessoas. Ou um filho é menos estudioso do que os pais desejariam, pois sempre sonharam que ele alcançasse uma posição social de destaque. Os pais possuem a difícil tarefa de terem de renunciar a alguns dos próprios sonhos em relação aos filhos, para deixar que estes tenham a oportunidade de ser eles mesmos e de viver sua própria vida. É uma renúncia dolorosa, mas necessária para que a identidade pessoal dos filhos possa constituir-se baseada na verdadeira essência de cada um.

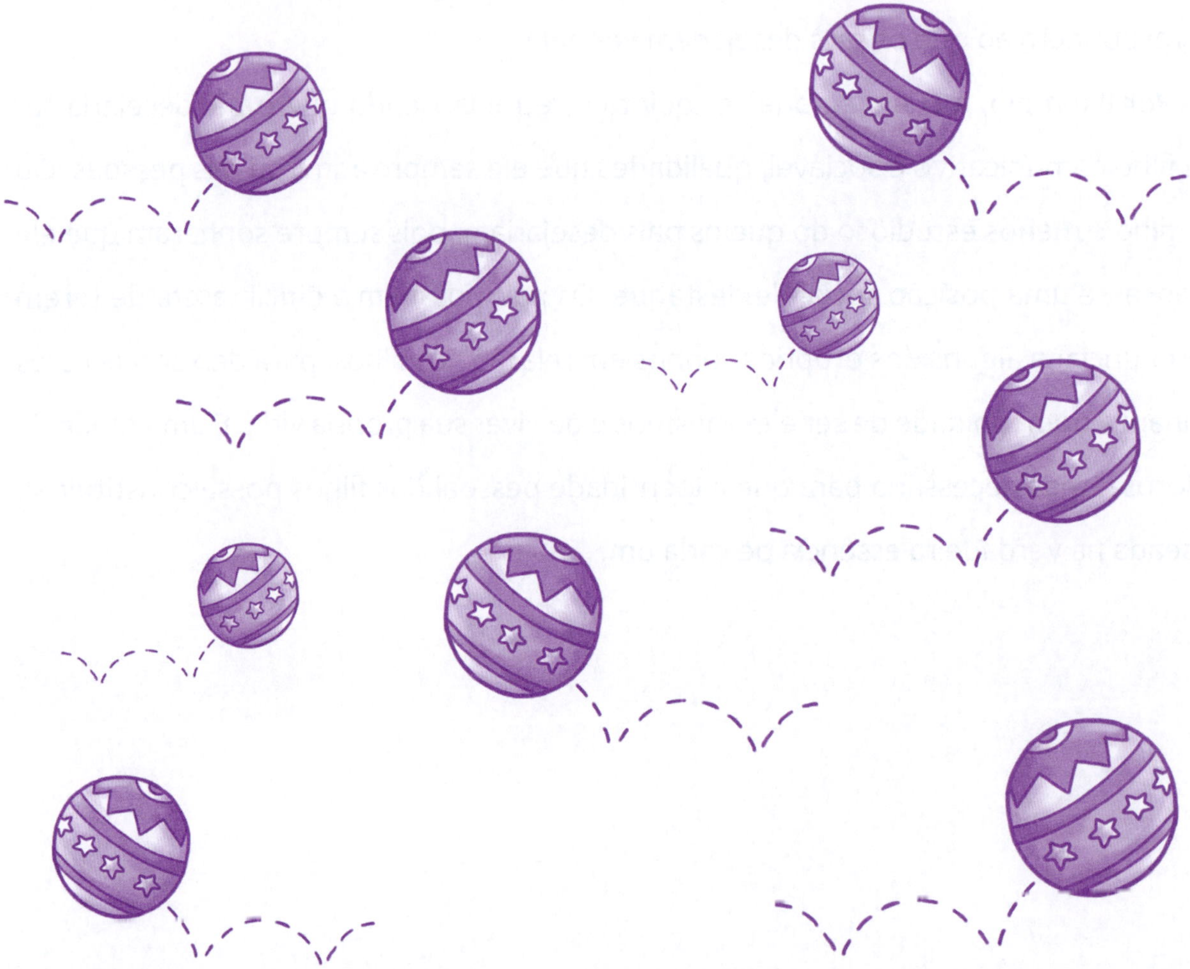

A identidade dos filhos gêmeos

Muitos pais de filhos gêmeos sabem da importância de seus filhos se diferenciarem progressivamente um do outro, a fim de que cada um forme sua identidade. Alguns pais resolvem diferenciar fisicamente seus filhos gêmeos, vestindo-os com roupas diferentes, deixando um deles com o cabelo curto e o outro mais comprido e assim por diante. Essas são algumas das formas pelas quais os pais podem ajudar os filhos gêmeos a se diferenciarem, embora vesti-los de maneira igual não significa necessariamente "vê-los" como iguais. Quando os pais podem reconhecer cada um de seus filhos gêmeos como único, como um ser com características particulares, um passo fundamental é dado na direção da individualização e da formação da identidade de cada filho.

A Conquista da Independência – A criança de 6 a 12 anos

Isso é ainda mais significativo quando eles são idênticos fisicamente. Em tais casos, é comum os pais logo perceberem que eles possuem diferenças, seja de temperamento ou até mesmo por alguma característica ou sinal que os diferencia. Os pais passam a não confundi-los, vendo em seus filhos dois indivíduos separados e distintos. Eles são nomeados com seus próprios nomes, e não como "os gêmeos". Sabemos que esse reconhecimento por parte dos pais, da individualidade dos filhos gêmeos, tem um valor inestimável para que estes possam adquirir a convicção de serem únicos e inigualáveis.

Diversos irmãos gêmeos são muito ligados entre si. Gostam de fazer a maior parte das coisas juntos e parecem querer sempre a companhia um do outro. Pode ser mais difícil se separar de um irmão com quem sempre se compartilhou tudo e com quem se cresceu sempre tão perto. Brincaram juntos desde pequenos, estudaram nas mesmas escolas, às vezes até na mesma classe, frequentaram sempre os mesmos lugares...

Mas provavelmente chegará um momento em que eles sentirão a necessidade de, finalmente, separar-se um pouco e precisarão ter coragem para isso. Talvez quando for a hora de entrar na faculdade e um deles quiser fazer um curso em outra cidade, talvez quando arrumarem turmas diferentes de amigos... Ou simplesmente quando um deles adotar um estilo de se vestir totalmente diferente do irmão e da família... Nesse momento, os pais poderão perceber que seus filhos gêmeos estão prontos para viver uma separação maior entre eles, como parte de uma necessidade de firmar a própria individualidade.

Progressos no desenvolvimento intelectual e da linguagem

Nessa fase da vida da criança, ela realiza uma importante conquista em seu desenvolvimento intelectual, que é a aquisição do pensamento lógico e racional. Ela não aceita mais as explicações fantasiosas para os acontecimentos e adquire uma postura crítica, necessitando compreender os fenômenos que ela observa segundo as leis da racionalidade. Ela torna-se uma "pequena cientista", que quer comprovar se as explicações dadas para os fatos são verdadeiras. Isso envolve um desenvolvimento fundamental em sua capacidade de se relacionar com a realidade externa.

Com isso, a criança passa a questionar a veracidade das histórias que antes lhe impressionavam tanto: do Papai Noel, do coelhinho da Páscoa, do bicho-papão,

A Conquista da Independência – A criança de 6 a 12 anos

da fada madrinha... Seu pensamento lógico não lhe permite mais acreditar na existência de seres fantásticos habitando o mundo real.

São muitas as conquistas intelectuais dessa fase. A criança aprende a classificar, compreende as noções de quantidade, sendo capaz de solucionar mentalmente muitos problemas. Porém, ela ainda necessita pensar a partir de objetos concretos, pois não é capaz de pensar de modo abstrato. Por esse motivo, as crianças precisam manipular objetos para compreender, por exemplo, as unidades de medida e as operações matemáticas. As escolas sabem disso, fornecendo muitas oportunidades à criança de usar diversos tipos de objeto para aprender a somar, a subtrair, a agrupá-los em classes etc. A capacidade de pensamento abstrato será adquirida a partir da adolescência.

É agora a fase ideal para o desenvolvimento do processo de alfabetização, geralmente iniciado no final da etapa anterior. Perto do sexto aniversário da criança ela começou a ter contato com as letras e os números, fazendo as primeiras aprendizagens da leitura e escrita. O processo de alfabetização pode ser muito interessante e estimulante para a criança, e o ideal para que isso ocorra é que não se converta em uma aprendizagem forçada ou rigorosa. A pedagogia moderna nos mostrou que o processo de alfabetização evolui muito melhor quando ocorre naturalmente, partindo do interesse da própria criança pela leitura e escrita.

Por isso, nos primeiros textos que a criança produz não é interessante apontar os erros de ortografia, mas a produção deve ser valorizada por si

Progressos no desenvolvimento intelectual e da linguagem

mesma, importando muito mais a experimentação do uso de letras e sílabas para expressar ideias do que a escrita correta. Isso pode ser deixado mais para frente, o que certamente ocorrerá, mas inicialmente o importante é promover o prazer da leitura e escrita.

Também não há por que exigir logo da criança a "letra bonita". Isso poderia anular o prazer de escrever, de expressar de uma forma nova suas ideias e imaginações, de criar suas próprias histórias. Além disso, como as habilidades motoras finas e a coordenação mão-olho da criança ainda não são perfeitas, sua letra geralmente é grande e irregular.

A evolução da linguagem, que ocorre nessa fase, ajuda muito o processo de alfabetização. A criança agora é capaz de formular frases longas e mais complexas, utilizando corretamente a gramática, mesmo sem ter aprendido formalmente as normas gramaticais. Essa aprendizagem se deu espontaneamente, a partir da escuta das falas dos adultos e das leituras que a criança realizou.

Como vemos, essa é uma etapa de grandes conquistas no desenvolvimento da criança. Ela se torna capaz de grandes realizações nos estudos, nos esportes, na vida social etc. Uma parcela significativa de sua autoestima vai agora se apoiar sobre o sentimento de ser capaz dessas realizações. Esse sentimento lhe fornecerá o estímulo necessário para crescer com confiança em si mesma e com a sensação de estar integrada ao mundo fora do lar. A criança precisa ser incentivada a enfrentar os desafios do crescimento e a desenvolver o sentimento

A Conquista da Independência – A criança de 6 a 12 anos

de competência, isto é, de ser capaz de realizar bem suas atividades. Sem exigências excessivas, o mundo externo pode prover os estímulos necessários para que a criança se perceba como alguém que se prepara para participar da vida adulta produtiva.

Vida escolar

As experiências que a criança tem na escola são muito significativas para ela. Grande parte de seu dia é passado no ambiente escolar, que é cheio de desafios e estímulos. Confrontada com as experiências escolares de aprendizagem e de relacionamento com seus colegas, a criança tem seu crescimento e amadurecimento muito estimulados.

Na fase que vai dos 6 anos até a puberdade, a criança completa todo um ciclo de sua vida escolar. No decorrer desse ciclo, existirão muitas conquistas e também dificuldades, que podem ser maiores ou menores, desde problemas de aprendizagem até conflitos de relacionamentos. Afinal, não há qualquer esfera da vida que esteja livre de dificuldades.

O enfrentamento dos problemas pode ajudar muito o crescimento das crianças, levando-as a desenvolver recursos pessoais para isso e a aprender muitas coisas com

A Conquista da Independência — A criança de 6 a 12 anos

as experiências que tiverem. Na medida do possível, é sempre interessante que as crianças participem ativamente da solução de seus próprios problemas escolares.

É claro que muitas vezes os pais terão de intervir nas situações problemáticas, conversar com a escola, buscar formas de ajudar o filho... Mas, ao mesmo tempo, é muito benéfico para a criança quando os adultos a ajudam a pensar sobre o que está ocorrendo, sobre as razões de suas dificuldades e o modo como ela pode solucioná-las.

Por exemplo, se ela não tem facilidade em uma matéria e por isso desistiu de se aplicar, se não tem feito suas lições de casa e por isso teve uma diminuição na nota, se agiu mal com um amigo e a partir de então o amigo não fala mais com ela... Diante de situações como essas, a criança pode ser conduzida a pensar sobre formas de reverter as situações indesejáveis para si mesma. Como pode fazer para melhorar seu desempenho? Como pode organizar seu dia para fazer suas lições de casa? Como se aproximar novamente do amigo que ficou magoado?

Envolver a própria criança na reflexão sobre suas dificuldades e na forma de resolvê-las a ajuda a se perceber como um ser pensante comprometido consigo mesmo e capaz de aprender com suas experiências. Ao mesmo tempo, é importante não "acusar" a criança por suas dificuldades, pois o peso da culpa e do sentimento de inadequação e fracasso pode agravar os problemas.

Algumas vezes a criança pode estar passando por um período de tensão, seja em casa ou na escola, o que a faz recusar-se a ir à escola. Esses períodos costumam ser muito difíceis para todos, pois diariamente a criança reluta, chora e mostra muito sofrimento para ser levada à escola. Os pais geralmente tentam entender o que está havendo, conversando com o filho e muitas vezes com a escola.

Porém, é importante não permitir que um período de crise momentânea se transforme em uma recusa permanente para frequentar a escola, o que poderia ocorrer se, costumeiramente, os pais permitissem que o filho faltasse às aulas. O melhor é ajudar a criança a enfrentar seus receios, com carinho e compreensão, mas com a firmeza necessária para que ela não deixe de ir à escola e fuja de seus problemas.

Quando as dificuldades escolares são constantes e a criança não consegue evoluir satisfatoriamente na escola, pode ser que seus problemas emocionais estejam interferindo; é preciso investigá-los. Devemos levar em conta que muitas das dificuldades de aprendizagem têm em sua base problemas de fundo emocional. Uma criança angustiada, deprimida ou envolvida com conflitos familiares, por exemplo, não conseguirá concentrar sua atenção nas tarefas escolares. Suas energias psicológicas estarão voltadas para outras coisas, impedindo-a de dirigir sua mente para as exigências da vida escolar.

Sendo assim, é preciso averiguar mais profundamente o que está havendo com uma criança que não consegue aprender, que só tira notas baixas e que tem um rendimento escolar muito aquém das outras crianças de sua idade. Pode existir um fator externo interferindo, como uma situação de estresse na família, ou pode haver um conflito da própria criança.

A Conquista da Independência – A criança de 6 a 12 anos

Um menino de 8 anos tinha um desempenho muito baixo na escola. Não conseguia acompanhar sua classe, era desatento e era muito difícil conseguir que ele se concentrasse nas aulas. Sua professora percebia que ele não demonstrava qualquer interesse ou motivação para aprender. A escola solicitou que os pais fizessem uma avaliação psicológica desse menino, para verificar as razões de seu problema escolar.

Nessa avaliação, o profissional percebeu que esse menino tinha pouca motivação para aprender porque, entre outras razões, sentia-se muito dividido em relação ao crescimento. De um lado, ele queria crescer e se desenvolver, para fortalecer sua autoestima e o sentimento de ter capacidades. Mas, por outro lado, havia em um nível mais profundo um desejo de permanecer pequeno, como um "bebê" de sua mãe. Como a aprendizagem se associa a crescimento, na medida em que ela envolve a aquisição de novas capacidades e conhecimentos cada vez mais evoluídos, esse menino inconscientemente evitava aprender e evoluir em seu crescimento.

Compreender as razões das dificuldades escolares desse menino foi importante para ajudá-lo a superar seus bloqueios e para orientar os pais com o objetivo de estimularem o filho em seu desenvolvimento. Toda criança possui em si mesma recursos e potencialidades para aproveitar plenamente sua vida escolar.

Um fator positivo para a evolução da escolaridade da criança é o entrosamento entre a família e a escola. Quando há coerência entre as concepções da família e da escola sobre a educação infantil, esse entrosamento costuma ser mais fácil. Por exemplo, pais mais rigorosos na educação dos filhos tenderão a esperar que a escola proceda com certo rigor no estabelecimento das normas e condutas exigidas dos alunos. Porém, algumas vezes surgem conflitos entre os pais e a escola, e quando isso ocorre é sempre interessante que pais, professores e coordenadores possam conversar para que se busque recuperar o entrosamento. Envolver a criança no conflito família-escola pode ser prejudicial para ela.

Por exemplo, os pais podem estar insatisfeitos com a nova professora do filho, o que pode fazer com que eles a critiquem e a reprovem constantemente na presença do filho. Essa atitude dos pais tenderá a desautorizar a professora perante a criança, que pode tornar-se rebelde e hostil na relação com ela, apoiando-se na desaprovação dos pais. Isso pode gerar um problema que se mantém durante todo o ano escolar da criança, provocando prejuízos para ela. Mais interessante seria se os pais pudessem expor à professora e à escola suas preocupações e discordâncias, para que dessa forma os conflitos pudessem ser solucionados ou amenizados, beneficiando a todos.

Um aspecto sobre o qual os pais geralmente pedem orientação da escola refere-se a sua atuação diante das lições de casa do filho. Todos sabem que as lições de casa representam uma parte importante das atividades escolares das crianças. Elas se destinam principalmente a ajudar na fixação dos conhecimentos adquiridos em aula e a criar o hábito do estudo. Uma das dúvidas dos pais é sobre o quanto devem ajudar o filho a realizá-las.

A Conquista da Independência — A criança de 6 a 12 anos

Cada escola tem sua própria orientação quanto a esse assunto. Mas, de modo geral, elas concordam que as crianças devem ser estimuladas a fazer sozinhas suas lições de casa. Quando os pais fazem as lições pelo filho, seja em parte ou totalmente, não o ajudam a se deparar com suas dificuldades e a procurar saná-las. Para aprender, é preciso reconhecer e aceitar o desconhecimento e as próprias dificuldades.

É importante também que os pais evitem permanecer ao lado do filho para fazer suas lições de casa. Isso pode criar uma dependência na criança, difícil de ser suprimida futuramente. É melhor incentivá-la a fazer sozinha suas lições, mas sabendo que pode solicitar a ajuda dos pais quando tiver alguma dificuldade.

É claro que as crianças precisam do apoio dos pais para realizar suas atividades. Elas têm de saber que os pais estão presentes em sua vida, atentos para o que está ocorrendo com elas, mas essa presença não pode impedir a criança de ganhar autonomia. As lições de casa devem ser de responsabilidade da criança, que deve organizar-se para fazê-las da maneira mais independente possível.

A maior ajuda que os pais podem dar ao filho no cumprimento de suas tarefas é dar-lhe as condições para isso. Estabelecer junto com a criança o local e o horário apropriados para fazer suas lições de casa e garantir que ela tenha o material necessário para isso são boas maneiras de auxiliá-la a se organizar convenientemente.

A relação da criança com seus estudos e atividades escolares depende, em parte, do tipo de cobrança que os pais costumam lhe fazer, o que se relaciona com o nível de

Vida escolar

exigência que eles têm com os estudos dos filhos. Em um extremo existem pais que não cobram o cumprimento das obrigações escolares e não incentivam as crianças a assumir as responsabilidades sobre os próprios estudos. Esses pais revelam um nível de exigência muito baixo, que dificulta que as crianças valorizem sua própria escolaridade e desenvolvam plenamente suas potencialidades intelectuais.

Num outro extremo, a exigência excessiva representa um peso que algumas vezes é muito difícil de ser carregado pela criança. Se ela for levada a acreditar que precisa sempre tirar notas muito altas, que seu desempenho só poderá ser valorizado se for muito elevado, poderá desenvolver uma autocobrança excessiva e uma autoestima muito diminuída, ou, ao contrário, muito alta. Uma autoestima diminuída na criança pode originar-se do fato de que ela se sente incapaz de atender às elevadas expectativas dos pais e as suas próprias. Já a autoestima muito elevada pode provir da sensação de ser extremamente capaz, de estar sempre "no topo" em relação aos outros, tornando a criança muito competitiva e incapaz de enfrentar qualquer fracasso e incapacidade. Estimular a criança a fazer o melhor que pode, sem sobrecarregá-la com o peso excessivo da cobrança e da competição, seja talvez uma medida mais equilibrada.

Quando a criança é cobrada a ter um desempenho de acordo com sua idade e suas capacidades, pode ir adquirindo uma visão realista sobre si mesma. Pode ver que ela não é incapaz, mas também que não "sabe tudo", como os elogios que excedem seu merecimento poderiam fazê-la crer. Ela se percebe como alguém em desenvolvimento, que tem muito a aprender, mas que tudo se dá a seu tempo.

A Conquista da Independência – A criança de 6 a 12 anos

Devemos considerar que toda criança é capaz de se desenvolver plenamente em sua vida escolar. Faz parte da natureza humana a curiosidade, o desejo de aprender, de evoluir e de ganhar novas capacidades. Quando encontra um ambiente estimulante (a seu desenvolvimento, a sua independência e a sua autonomia) e ao mesmo tempo acolhedor (para suas dificuldades e inseguranças), a criança vai podendo caminhar da maneira como tem de ser, isto é, em seu próprio ritmo e de acordo com o desenvolvimento de suas potencialidades naturais.

Educação e limites

A tarefa de educar os filhos, iniciada desde que eram bem pequenos, acompanha os pais ao longo de toda essa fase da vida das crianças. Quanto mais elas crescem, mais os pais se preocupam sobre estar agindo certo ou não nessa difícil tarefa.

Não existe um modo único e correto de proceder na educação das crianças. Os pais terão de se basear, principalmente, nas próprias concepções e valores sobre as mais diversas situações com que se defrontam ao longo do crescimento de seus filhos. E é importante que assim seja, pois somente se baseando nesses aspectos é que eles poderão dar coerência à educação dos filhos.

É justamente essa coerência que é interessante garantir ao falar e atuar com as crianças. Quando as regras estabelecidas pela família ficam claras para os filhos e

A Conquista da Independência – A criança de 6 a 12 anos

estes sabem que devem cumpri-las, aprendem a guiar seu comportamento em função dessas regras. Por exemplo, se a criança sabe que tem um horário para chegar em casa e que toda vez que não cumprir essa regra será cobrada pelos pais, que poderão inclusive lhe aplicar algum tipo de sansão, ela terá a clareza necessária para adaptar-se convenientemente à regra imposta pelos pais.

A incoerência no estabelecimento de regras tende a gerar confusão nas crianças e insegurança quanto à forma como devem se comportar. Por exemplo, se em alguns dias as crianças podem falar palavrões e os pais não lhes dizem nada, mas em outros aplicam-lhes um severo castigo porque elas disseram um palavrão, as crianças se sentirão confusas, sem saber exatamente o que se espera delas e quais são os reais valores dos pais.

A coerência diz respeito também à compatibilidade entre as ações e os ensinamentos dos pais. Ficará mais difícil para uma criança assimilar como princípio fundamental o respeito aos outros, se ela vir os pais jogando lixo no quintal do vizinho. Não devemos esquecer que os pais são os principais modelos para os filhos, que tendem a imitar suas atitudes e seus comportamentos.

A coerência entre as exigências do pai e da mãe deve ser também assegurada, na medida do possível. É claro que os casais discordam em muitos aspectos da educação dos filhos. O pai pode ser mais severo, a mãe mais liberal, ou vice-versa. O que pode ser fundamental para a mãe pode não ser para o pai, por exemplo, exigir que o filho peça licença ao sair da mesa. Afinal, cada pai e mãe aplicam na educação dos filhos aquilo que receberam em sua própria criação e os valores e hábitos da família de origem.

Educação e limites

Mas, sempre que possível, é melhor que as discordâncias entre o pai e a mãe sobre aspectos essenciais da educação dos filhos sejam discutidas entre eles e que possam chegar a algum acordo, a fim de que os filhos não se sintam confusos quanto a quem devem obedecer. Além disso, as discordâncias excessivas e não resolvidas entre os pais geram muitas situações em que um deles desautoriza o outro na frente dos filhos. Isso pode fazer com que as crianças se aliem a um dos pais, geralmente aquele que mais as protege, e o outro terá dificuldade para obter o respeito e a consideração dos filhos, o que prejudica sensivelmente o processo educativo das crianças.

Buscando a coerência na educação dos filhos, os pais utilizarão os padrões e as regras que julgarem adequados e necessários. Cada família possui sua própria escala de valores e se guiará por ela ao estabelecer as normas que devem ser obedecidas pelos filhos.

A educação que os pais receberam de seus próprios pais influencia a forma de educarem seus filhos. Isso é inevitável, pois processos inconscientes atuam nessa transmissão. Não são incomuns as repetições com os filhos das situações vividas na própria infância dos pais. Por exemplo, o pai pode ser muito rigoroso e "duro" com os filhos, da mesma maneira como seu pai foi com ele. Conscientemente, os pais podem querer que a educação dos filhos seja diferente daquela que receberam de seus próprios pais; às vezes conseguem isso, outras não. Mas eles estão em suas mentes, atuando como referências, sejam positivas ou negativas.

A Conquista da Independência – A criança de 6 a 12 anos

Apesar da influência da própria criação sobre a maneira de educar os filhos, os pais podem refletir sobre seu papel e mudar muita coisa para melhor. Por exemplo, cada vez mais os pais estão valorizando o diálogo entre eles e os filhos, em vez da simples imposição autoritária de ordens. Isso é muito positivo, pois já se demonstrou que uma educação mais "democrática" é mais adequada do que aquela que usa de forte autoritarismo dos pais sobre os filhos. Crianças criadas em um regime ditatorial, forçadas à submissão excessiva, costumam ser amedrontadas, inseguras, revoltadas, e podem ser muito submissas perante os outros ou, pelo contrário, agressivas, buscando inconscientemente fazer com que os outros se sintam amedrontados como ela mesma sempre se sentiu.

Em um outro extremo, a educação excessivamente liberal e permissiva também revelou ser prejudicial para as crianças. A educação muito permissiva pode ocorrer, por exemplo, quando os pais trabalham muitas horas fora de casa e por isso sentem-se culpados em relação aos filhos, evitando estabelecer-lhes regras e limites. Ou quando a criança teve alguma doença mais grave e os pais inconscientemente também se culpam por isso. Porém, nesses casos é importante que os pais fiquem atentos para essas situações, a fim de que isso não afete negativamente o processo educativo dos filhos. Sem normas claras e bem definidas pelo ambiente, as crianças tendem a se sentir abandonadas e perdidas, tornando-se inseguras e imaturas.

Mas o que é uma educação "democrática"? Podemos dizer que é um tipo de educação por meio do qual os pais estabelecem limites claros e bem definidos, mas

Educação e limites

também reagem às necessidades individuais e momentâneas dos filhos. As regras, apesar de existirem, não são excessivamente rígidas, podendo-se considerar a situação do momento.

Por exemplo, uma regra importante para toda criança é determinar que ela durma em sua própria cama. Digamos, porém, que em um determinado dia a criança ficou muito assustada, em razão de ter presenciado um assalto na rua. Pode ser que durante a noite ela procure a cama dos pais para se sentir mais tranquila e apaziguar seus medos. A compreensão dos pais do estado emocional do filho pode fazer com que eles permitam que, naquela noite, o filho durma com eles. As regras não podem passar por cima da possibilidade de os pais prestarem atenção aos filhos e a suas necessidades momentâneas.

Alguns estudos revelaram que crianças criadas por meio de uma educação mais democrática costumam apresentar maior autoconfiança, autoestima e independência, em relação às crianças criadas sob uma educação mais ditatorial ou permissiva.

Mas qual a importância de regras e limites? Em primeiro lugar, como já dissemos, são importantes porque ajudam a orientar o comportamento e as atitudes das crianças, servindo-lhes como um guia que mostra a direção a seguir no caminho da vida. Dessa forma, podem sentir-se mais cuidadas, seguras e confiantes em sua trajetória pelo crescimento.

Em segundo lugar, as regras e os limites preparam as crianças para o convívio interpessoal, para que possam obter gratificação e bem-estar pelas relações que serão estabelecidas durante a vida. Ao aprender a tolerar frustrações, a não ter todos os

A Conquista da Independência – A criança de 6 a 12 anos

seus desejos satisfeitos, a repartir, a respeitar os direitos dos outros e a considerar as necessidades alheias, a criança pode adquirir um nível de amadurecimento que lhe vai permitir desenvolver relações saudáveis, gratificantes e prazerosas para ela e para aqueles que com ela conviverem.

As regras e os limites são também importantes para ajudar a criança a controlar os próprios impulsos, que ela ainda não aprendeu a controlar e que, por isso, podem assustá-la. Por exemplo, se a agressividade e a hostilidade não são refreadas no comportamento da criança, ela pode não conseguir fazê-lo sozinha e acabará sentindo-se angustiada e culpada. Não é incomum acontecer de as crianças "testarem" a tolerância dos pais, provocando-os e desafiando-os, esperando que eles lhes apliquem um castigo merecido. De modo nem sempre consciente, elas podem estar averiguando a capacidade dos pais de contê-las, a fim de se sentirem mais aliviadas quanto à força dos pais para deterem sua agressividade.

Mas assim como não é desejável que uma criança seja excessivamente rebelde, também não o é aquela muito submissa. A submissão prejudica a espontaneidade e a criatividade de uma pessoa. Submetida ao mundo, ela não consegue revelar sua personalidade, suas características pessoais, preocupando-se constantemente com o que esperam e desejam dela, sem conseguir apropriar-se de seus próprios desejos e necessidades.

Com regras claras e limites bem definidos, em um sistema educativo coerente e amoroso, as crianças aprendem a reconhecer o que os pais esperam delas e o que não

Educação e limites

permitem que elas façam, o que valorizam e o que repudiam em seu comportamento. Quando isso é feito de modo firme, as crianças se sentem cuidadas e amparadas, por mais que reclamem e protestem.

Por serem agora mais crescidas, as crianças dessa fase podem entender melhor as explicações que lhes são dadas sobre respeito e consideração para com os outros, começando nas relações familiares. É dessa forma que elas podem fazer bom uso de toda educação que receberam e levar para suas vidas os ideais e valores firmemente estabelecidos dentro de si, até que, por fim, prescindirão das figuras dos pais como guias e orientadores de seu comportamento.

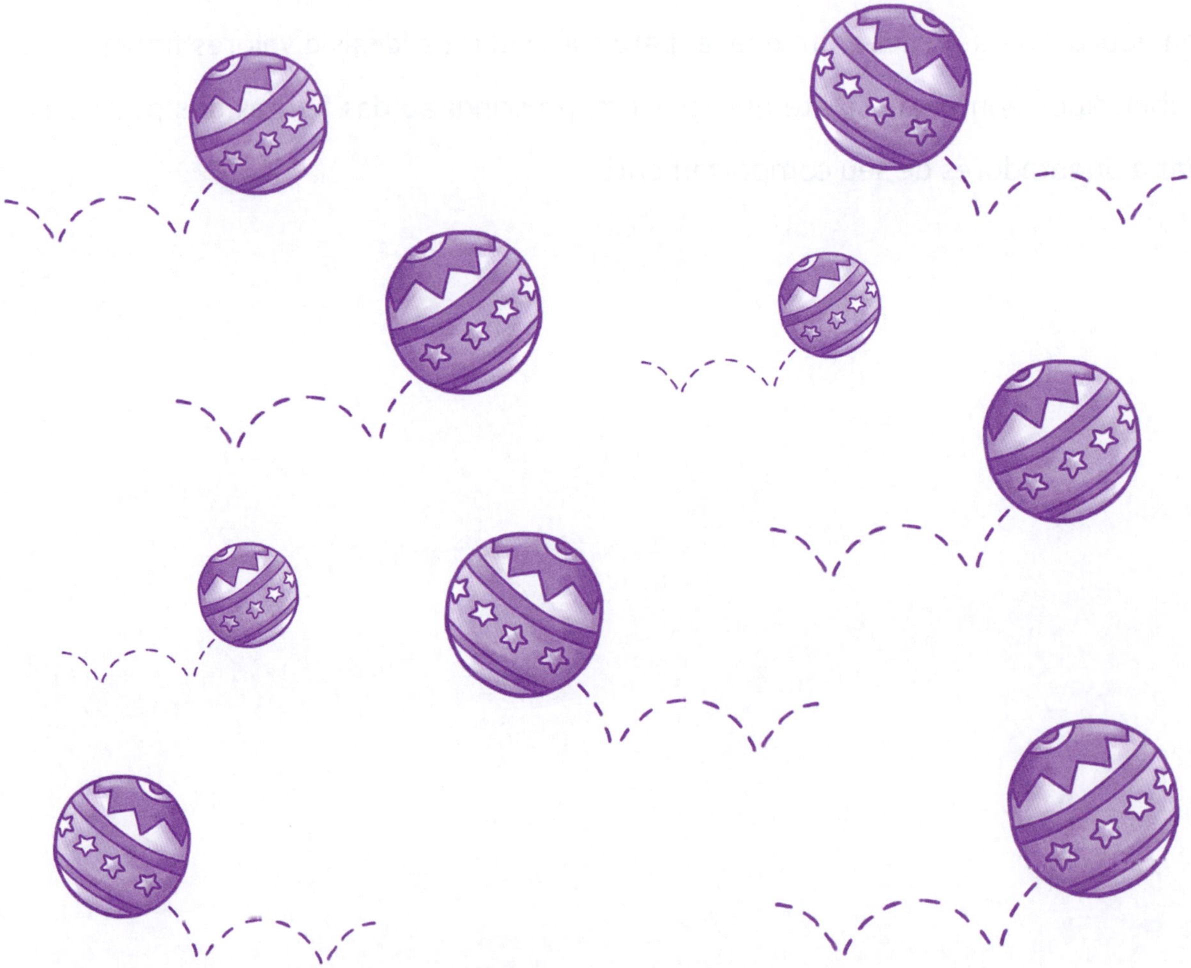

Conversas entre pais e filhos

A vida cotidiana muitas vezes impede os pais de conversarem mais com os filhos, como gostariam. Eles precisam atender as inúmeras obrigações do dia a dia, as tarefas, os horários marcados, e muitas vezes se dão conta de que há dias em que quase não falaram com os filhos. Em algum momento, os pais percebem que sentem falta dessa aproximação maior com seus filhos e estes, provavelmente, também o sentem.

Atentos a isso, os pais podem criar alguns momentos para essas conversas, o que geralmente é muito compensador para todos. As conversas criam intimidade entre os membros da família e favorecem a proximidade e o prazer no convívio. Algumas vezes as conversas ocorrem apenas na hora das refeições, quando o tempo permite, ou no trajeto da escola para casa, ou à noite na hora de dormir, mas são instantes

A Conquista da Independência – A criança de 6 a 12 anos

preciosos, em que todos percebem a importância e o valor desses momentos de ligação e proximidade.

Geralmente, é a disponibilidade dos pais para os filhos que cria a oportunidade para as conversas acontecerem. Até mesmo quando estão brincando juntos com algum jogo ou ouvindo uma música, ou indo tomar um sorvete, uma conversa pode brotar espontaneamente, evocada pela proximidade do momento.

Às vezes, os pais são mais calados, retraídos, não são de conversar muito. Os filhos conhecem seus pais e as características pessoais de cada um deles, que devem ser respeitadas. Nesses casos, as conversas com os pais poderão ser mais raras, mas nem por isso menos importantes e valiosas. Poderão ocorrer somente em momentos especiais, mas certamente trarão a sensação de proximidade e de união que marcará esses momentos.

Além de facilitar a proximidade entre pais e filhos, as conversas também ajudam a criança a aprender coisas com os pais e a compartilhar com eles suas experiências. Algumas vezes, uma conversa com os pais pode ajudar a criança a resolver algum conflito ou a pensar melhor sobre alguma situação que a esteja afligindo. A maturidade dos pais e sua maior experiência de vida podem auxiliar a criança que, com sua imaturidade, pode estar encontrando dificuldades para lidar com alguma questão.

Por exemplo, uma menina de 9 anos estava para fazer sua primeira viagem com a escola. Era um acampamento e a menina estava radiante, falando todos os dias sobre sua viagem. Pensava o que ela e as amigas iriam fazer quando estivessem lá e tinha tudo planejado em sua mente.

No entanto, ela surpreendeu os pais quando voltou, pois estava muito triste e decepcionada. No início não queria contar o que houve, mas depois falou que o acampamento foi "uma droga". Os pais insistiram um pouco para saber o motivo e ela disse que sua melhor amiga fez amizade com uma outra menina e tudo o que ela havia planejado não aconteceu. Era evidente que sua frustração era imensa.

Os pais perceberam que a filha havia idealizado sua viagem e que, ao planejar tudo, não pudera deixar as experiências acontecerem para vivê-las naturalmente. Conversaram então com ela, ajudando-a a pensar sobre isso, sobre suas expectativas anteriores e sobre o fato de que nem tudo acontece como planejamos. Puderam também lhe mostrar que a viagem teve um lado muito positivo, que ela fez muitas coisas, brincou e também se divertiu. Por meio dessa conversa, os pais puderam ajudar a filha a entrar em contato consigo mesma e a enfrentar melhor a realidade.

Mas nem todas as crianças nessa fase demonstram claramente seus desejos de conversar com os pais. Algumas são mais retraídas, falam pouco e parecem fechadas em seu mundo particular. Apesar da timidez e do acanhamento, essas crianças também podem sentir a necessidade de conversar com os pais de vez em quando e expor a eles algumas de suas experiências, dúvidas ou ansiedades. Se perceberem que os pais estão ali, abertos e disponíveis para ouvi-las e para conversar com elas quando desejarem, poderão aproximar-se deles com essa intenção em alguns momentos.

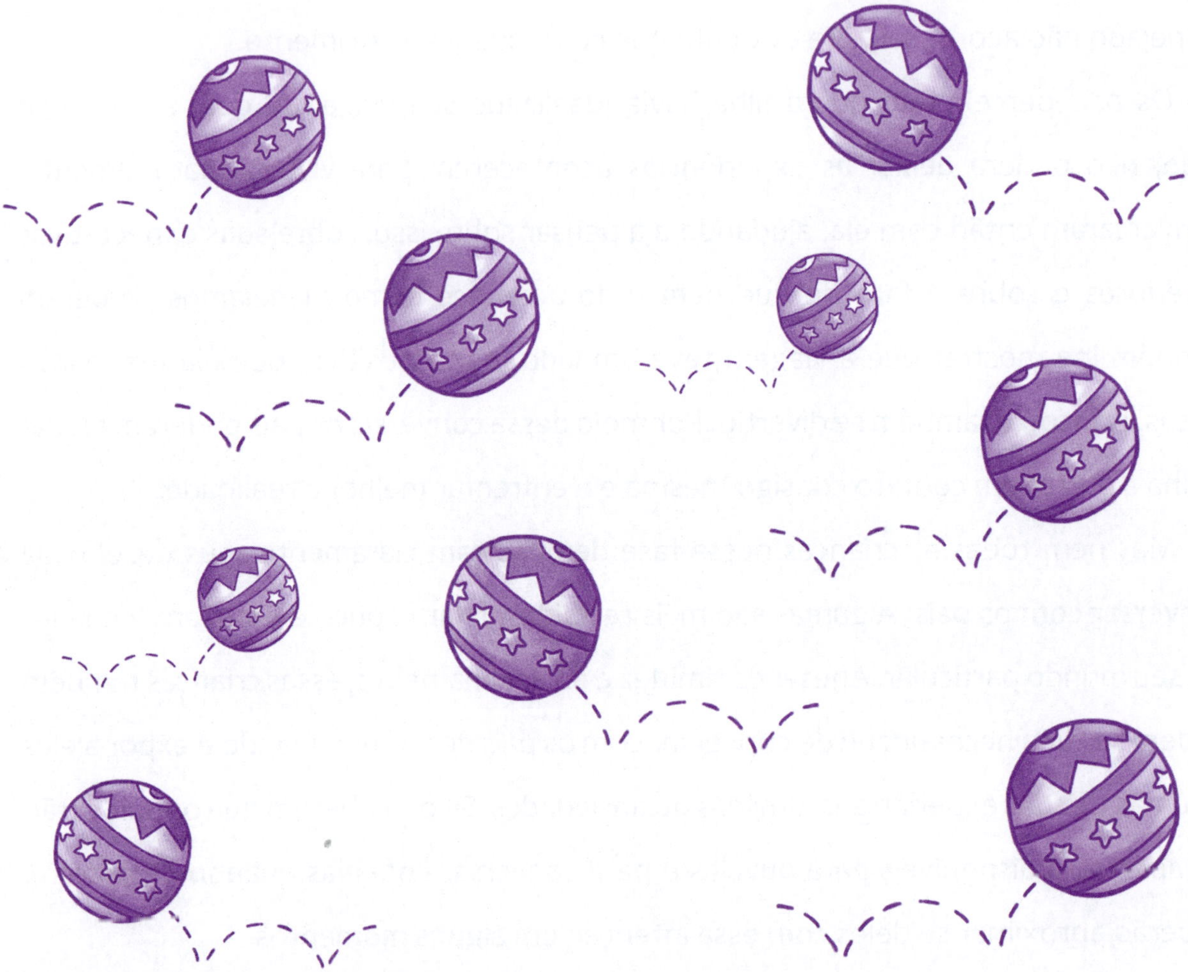

O trabalho dos pais

Com os filhos mais crescidos, aumenta a disponibilidade dos pais para se dedicarem a seu trabalho. Muitos pais trabalham desde que os filhos são bem pequenos e estes já estão mais acostumados a verem os pais só à noite e aos fins de semana. Outras crianças passam os anos iniciais de sua vida perto da mãe e nessa fase em que estão mais independentes e crescidas, a mãe se sente impulsionada a retomar antigas atividades de trabalho ou a engajar-se em novas atividades.

É muito interessante para a criança nessa etapa do desenvolvimento ver sua mãe envolvida com outras atividades além das domésticas. Ela vê que sua mãe possui interesses fora do lar e uma vida pessoal. Tanto para a menina quanto para o menino, a mãe que sente prazer por meio de seu trabalho e profissão fornece um modelo de mulher satisfeita com a realização de suas potencialidades. A menina poderá identificar-

A Conquista da Independência – A criança de 6 a 12 anos

-se com ela e o menino poderá apreciar essa qualidade nas outras mulheres. Se o pai também aceita e se sente confortável com o trabalho da mulher, notadamente quando colabora com ela na divisão das tarefas domésticas, cria-se uma situação familiar com menos conflitos em relação ao trabalho dos pais.

Além disso, quando os filhos estão crescendo, necessitam realizar pouco a pouco uma separação em relação à família, rompendo um vínculo mais infantil de dependência dos pais. Quando a mãe trabalha fora ou, mesmo que não trabalhe, possui uma vida pessoal e interesses próprios, costuma ajudar os filhos nesse processo de separação, pois sua própria dependência dos filhos pode ser assim diminuída. Ela não se sentirá tão desnecessária e excluída quando os filhos revelarem o desejo de mantê-la mais afastada de suas vidas pessoais, permitindo que estes possam ganhar a própria independência sem se sentir culpados.

De modo geral, o fato de os pais possuírem um trabalho e uma profissão contribui para que os filhos os tenham como modelos de adultos produtivos e capazes. Geralmente a criança, a partir de certa idade, passa a se interessar muito pelo trabalho dos pais. Quer saber o que eles fazem, como fazem, onde trabalham, como são seus dias... Ela sente que, quando crescer, poderá fazer o mesmo e se orgulhar de ter essa capacidade que ela vê nos pais. Quando estes se sentem realizados em seu trabalho e profissão, é ainda mais fácil passar aos filhos um modelo favorável de relação com o trabalho, modelo com o qual eles poderão, futuramente, identificar-se. Existe ainda o fato de que as crianças cujos pais trabalham costumam ser mais independentes e

O trabalho dos pais

autossuficientes, além de muito beneficiadas em sua educação pela necessidade de ajudar nas tarefas da casa.

É claro que para poder trabalhar, os pais precisam organizar a vida de seus filhos enquanto estiverem fora de casa. Têm de supervisionar, de longe, suas atividades, pois, apesar de crescidas, as crianças dessa fase ainda precisam muito do cuidado dos pais. Elas precisam saber que estarão em segurança e terão suas necessidades satisfeitas mesmo sem ter os pais por perto. Por exemplo, precisam que os pais decidam com quem vão ficar, como serão alimentadas, como serão transportadas à escola, como voltarão para casa, em que horário deverão fazer as lições de casa, além de muitos outros detalhes do dia a dia das crianças.

Quando os pais conseguem uma boa organização, de forma que as crianças se sentem seguras quanto às providências tomadas para seu bem-estar e têm confiança nas pessoas que cuidam delas, as crianças podem sentir que, mesmo os pais estando longe, eles estão presentes em sua vida e zelando por elas. A ausência dos pais não faz com que os filhos se sintam abandonados ou negligenciados.

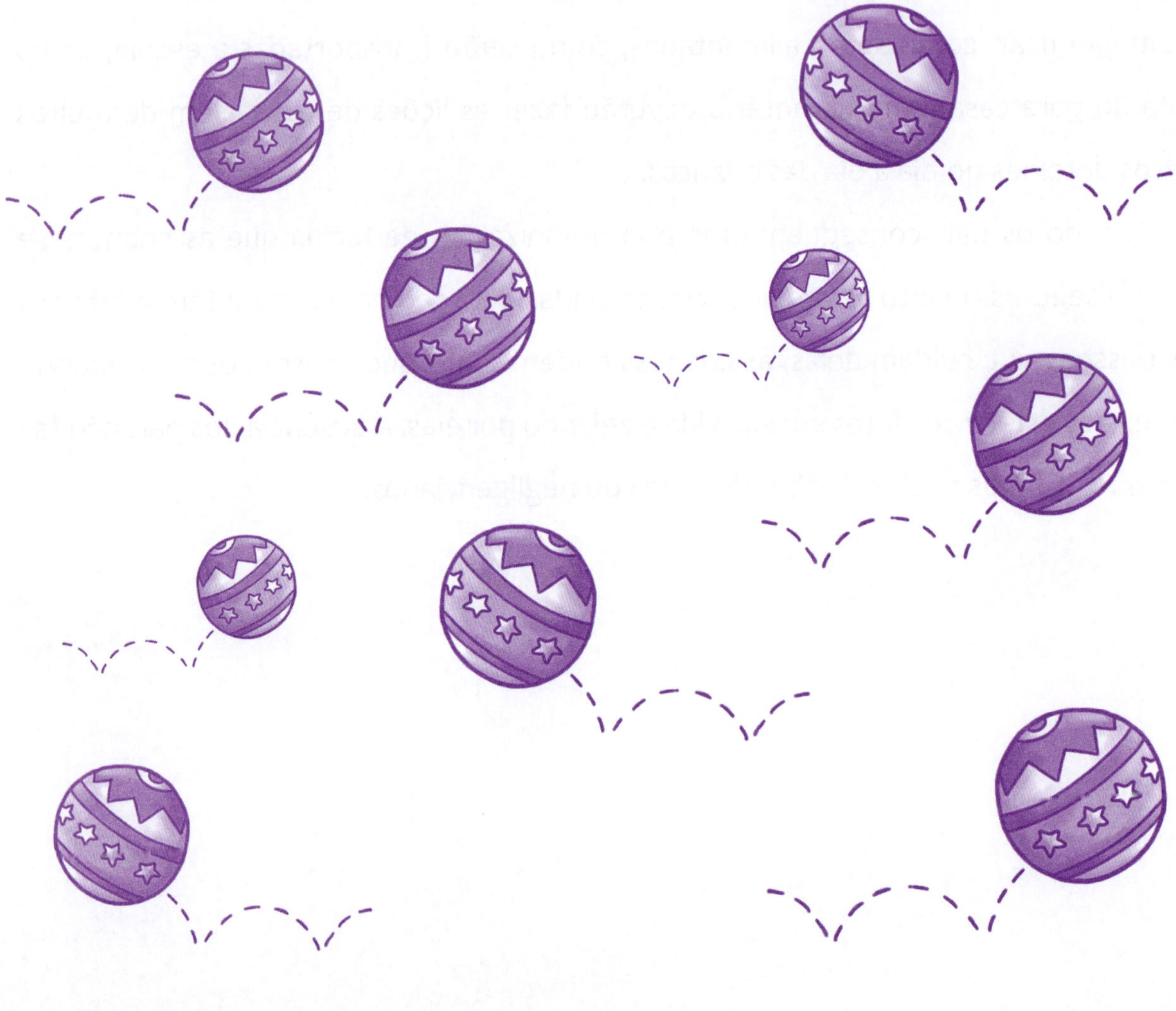

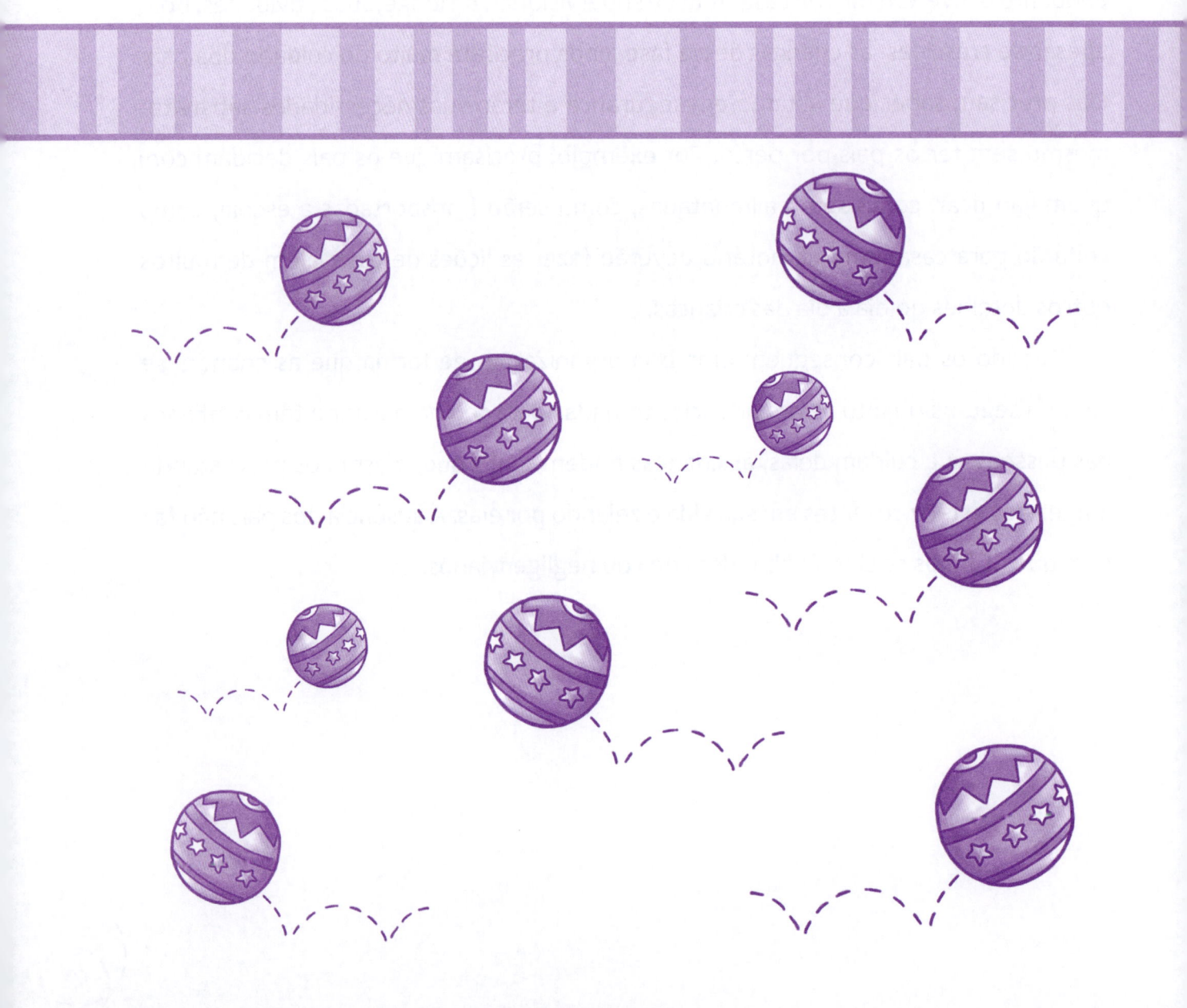

Quando a mãe trabalha e o pai fica em casa

A situação em que a mãe sai para trabalhar e o pai fica em casa, por estar desempregado, afastado do trabalho ou por qualquer outro motivo, é encontrada atualmente em diversas famílias. Essa pode ser uma situação angustiante para os pais, envolvendo uma mudança significativa na vida de todos e a necessidade de novas adaptações e arranjos. As crianças geralmente passam a ficar sob os cuidados do pai, que pode assumir as tarefas domésticas e as relacionadas ao dia a dia dos filhos, como levá-los à escola, dar-lhes as refeições, supervisionar as lições de casa etc.

Alguns pais se preocupam com os efeitos, sobre os filhos, dessa situação em que os papéis tradicionais de mãe cuidadora do lar e pai trabalhador se inverteram. Porém,

A Conquista da Independência – A criança de 6 a 12 anos

é importante que os pais examinem inicialmente como eles mesmos estão encarando essa inversão de papéis. Se estiverem muito angustiados, deprimidos e envergonhados pela situação, podem ter mais dificuldades para lidar com ela e ajudar os filhos a encarar tudo isso de modo mais natural.

Quando os pais, apesar de pesarosos pela situação, podem encará-la com menos culpa ou vergonha, também ajudam os filhos a se adaptar convenientemente a ela. É bom lembrar que as crianças conseguem compreender muito bem os fatos que envolvem a família, se os pais conversarem com elas e lhes explicarem os motivos das mudanças na vida familiar. As crianças, principalmente se forem maiores, têm condições de entender as dificuldades momentâneas por que passa a família e de colaborar com todos. Podem assumir determinadas tarefas na casa, fazer algumas economias, evitar desperdícios etc. As crianças também podem crescer com essas experiências e amadurecer, aprendendo a enfrentar crises e a superá-las. Dessa forma, a família como um todo poderá fortalecer-se e ficar mais unida no enfrentamento de uma situação difícil e angustiante.

Alimentação

Os problemas alimentares da infância tendem a desaparecer ou a diminuir nessa fase da vida da criança. Os hábitos adquiridos anteriormente, como ter horários para as refeições, acostumar-se com uma alimentação saudável, comer os alimentos salgados antes dos doces etc., geralmente já foram incorporados pela criança, o que ajuda muito para que sua rotina alimentar se estabilize e se torne agora mais tranquila.

Porém, alguma aversão a certos alimentos pode persistir. Os pais não devem preocupar-se com isso e é importante que a criança não se sinta muito pressionada a comer o que não gosta. Todos nós temos nossos gostos e preferências alimentares e com as crianças não é diferente. Desde que elas tenham sido acostumadas com uma alimentação saudável, pequenos caprichos alimentares não farão mal algum a elas.

A Conquista da Independência – A criança de 6 a 12 anos

A alimentação exagerada ou muito inadequada pode causar problemas, como a obesidade. As causas da obesidade infantil podem ser genéticas, mas geralmente estão aliadas com hábitos alimentares pouco adequados, que a criança vem adquirindo desde a tenra infância. Estabelecer com a criança, desde bem pequena, uma rotina alimentar saudável, com horários para suas alimentações e com o hábito de não se alimentar exageradamente de doces e alimentos muito calóricos, são boas maneiras de prevenir a obesidade infantil.

É importante lembrar, porém, que fatores psicológicos podem estar na base dos problemas alimentares na infância e vida adulta. A alimentação representa um meio de absorver o mundo e de se apoderar da vida e das experiências. Ela se relaciona com as vivências precoces da vida, nas quais o bebê se defronta com o desejo de absorver o seio materno e as boas experiências com a mãe. A falta de apetite pode representar um modo de se refugiar do mundo, por medo da vida e de arriscar-se em experiências novas. A necessidade de alimentação exagerada pode ser um meio de aliviar sentimentos de carência emocional, uma forma de absorver o mundo com voracidade e ansiedade. Problemas alimentares persistentes e intensificados podem requerer que se mergulhe a fundo na compreensão das dificuldades psicológicas que se encontram em sua base.

Sono

As crianças após os 6 anos de idade geralmente apresentam um sono tranquilo. Dormem a noite toda e não têm qualquer problema para dormir. No entanto, algumas crianças ainda mantêm antigas dificuldades de sono ou começam a apresentar novas dificuldades.

Relutar para ir dormir pode ser um dos problemas dessa fase. A vontade de prolongar o dia ou a recusa para dormir antes dos adultos e irmãos mais velhos podem gerar essa dificuldade. A criança pode tentar adiar o momento de dormir, pedindo água ou algum alimento, ou ainda querendo ficar no computador ou brincando até mais tarde. Nesses casos, os pais geralmente percebem que precisam bloquear o desejo da criança de exercer o controle sobre a situação. Tentar protelar a hora de dormir pode tornar esse momento estressante para a criança e para os

A Conquista da Independência – A criança de 6 a 12 anos

pais, além de impedir que ela tenha uma noite de sono compatível com suas reais necessidades de descanso.

Os pesadelos, medos de dormir e as insônias são outras perturbações do sono, que podem ocorrer. Eles são mais comuns quando a criança está passando por algum momento tenso e angustiante para ela, por exemplo o início do período escolar ou a proximidade de uma viagem longe dos pais. Essas perturbações indicam que algo está preocupando a criança. Nesses casos, os pais percebem a necessidade de tranquilizar o filho, conversando e permanecendo um pouco no quarto junto com ele.

Porém, é importante evitar que a criança vá dormir costumeiramente no quarto dos pais. Devemos sempre considerar que o quarto representa a intimidade de cada um. No caso do quarto dos pais, ele representa a intimidade do casal e de sua vida sexual, e a presença do filho leva-o a supor que pode perturbar essa intimidade, além de anular as diferenças de lugar e de papéis que existem entre pais e filhos. Dormir com os pais também infantiliza a criança e não a ajuda a ganhar confiança em si mesma para enfrentar suas inseguranças e dificuldades.

A enurese noturna (fazer xixi na cama) após os 6 anos de idade é pouco comum. Pode ocorrer ocasionalmente se a criança se encontrar sob forte pressão ou estiver enfrentando um período atribulado e aflitivo para ela. Mas se a enurese for persistente nessa fase, deve-se procurar suas causas mais profundas, que geralmente são de ordem psicológica.

Mesada

O manejo de dinheiro pode começar a ser aprendido pela criança nessa fase. Dar-lhe uma pequena mesada (ou semanada) para que ela faça alguns de seus gastos, por exemplo o lanche da escola, as figurinhas do álbum que ela está colecionando, ou mesmo para que ela junte algum dinheiro para comprar um brinquedo que ela quer, pode ser um bom meio de favorecer que a criança aprenda sobre custo das coisas, sobre fazer economia e que ganhe maior responsabilidade.

Com uma quantia fixa para gastar durante um tempo determinado, a criança pode aprender a se programar em seus gastos. Ela verá, por exemplo, que se usar todo dinheiro nos primeiros dias, não sobrará nada para o restante do mês ou da semana. Perceberá também que não dá para ter tudo e que é necessário fazer escolhas. Essas são aprendizagens interessantes para o crescimento e o amadurecimento da criança.

A Conquista da Independência – A criança de 6 a 12 anos

Porém, a criança nunca deve ser paga para fazer suas obrigações e responsabilidades ou para ajudar e colaborar em casa. Essa prática levaria a criança a estabelecer uma relação distorcida com seus próprios deveres. Ela deve saber que suas obrigações e responsabilidades fazem parte das atribuições que lhe são destinadas e que a ajuda que presta em sua casa, como lavar a louça, fazer pequenos consertos etc., deve-se ao fato de que ela é parte da família e, portanto, possui direitos e deveres para com ela.

À criança deve ser dada a oportunidade de perceber que ela pode fazer coisas para sua família por amor a ela, e não apenas pelas vantagens que pode obter. Isso a prepara para fazer parte da sociedade como um indivíduo maduro e responsável, comprometido com o mundo que o cerca e capaz de dar sua contribuição pessoal à comunidade em que vive e à sociedade como um todo.

Mentiras

Algumas crianças adquirem nessa fase o desagradável hábito de mentir. Outras já o possuem há algum tempo. Seja como for, esse hábito pode originar-se por diversas razões. Às vezes a criança mente para os amigos, contando coisas para se engrandecer perante eles. Isso pode representar uma insegurança pessoal da criança, uma necessidade de se afirmar para os outros, em função de muitas dúvidas quanto a seu próprio valor e estima pessoal.

Outras crianças mentem para os pais e outros adultos. É sempre importante procurar compreender as razões das mentiras. Será que a criança mente porque imagina que precisaria fazer coisas grandiosas para ser aceita? Ou para ver se os pais se interessam e se preocupam com ela? Ou ainda para tentar escapar de castigos que

A Conquista da Independência – A criança de 6 a 12 anos

ela imagina como muito cruéis e implacáveis? Neste último caso, mesmo que os pais não sejam severos, a criança pode fantasiar que determinados atos que ela comete são muito reprováveis. Por isso, seu sentimento de culpa pode levá-la, mais cedo ou mais tarde, a agir de modo que os pais descubram suas mentiras, a fim de receber o castigo que ela espera.

Geralmente, a reação tranquila dos pais ajuda para que a situação seja mais bem enfrentada. É claro que eles terão de lidar com o fato sem procurar fazer de conta que não percebem as mentiras do filho, o que poderia levá-lo a mentir cada vez mais. Mas a iniciativa dos pais de conversarem com a criança sobre o fato, sobre os motivos que eles percebem que a estão levando a mentir, será mais benéfico do que uma repreensão severa ou a aplicação de um castigo em razão das mentiras.

Pode-se também conversar com a criança sobre a necessidade de se dizer a verdade para que as pessoas confiem umas nas outras, e sobre a possibilidade de se assumir os próprios atos e não tentar escondê-los. Nos casos em que a criança mente para encobrir atos que ela imagina como muito censuráveis, a reação mais amena dos pais pode ajudá-la a acreditar que ela pode dizer a verdade, pois os pais não a castigarão, pelo menos não com a severidade que ela imaginava.

O papel do pai

Nessa fase da vida das crianças, elas precisam muito do pai. Sua relação com ele foi fortalecendo-se cada vez mais ao longo de seu crescimento, já viveram inúmeras experiências com ele e aprenderam a lidar com muitos sentimentos na relação pai-filhos. Agora as crianças sentem-se muito mais seguras quando o pai permanece lá, ao lado delas, como uma figura forte que lhes transmite uma sensação de segurança que é insubstituível.

O pai costuma ser para os filhos nessa fase uma espécie de "ídolo", alguém a quem eles admiram muito e se orgulham de tudo o que ele faz. O trabalho do pai, suas atividades, seus *hobbies* e gostos dão aos filhos acesso a um mundo que é cheio de encanto para eles. Eles gostam de contar aos amigos os "feitos" do pai e querem aprender muitas coisas com ele.

A Conquista da Independência – A criança de 6 a 12 anos

Um menino de 8 anos, bastante ligado ao pai, gostava muito de jogar futebol com ele, o que era uma atividade que pai e filho realizavam costumeiramente aos fins de semana. Quando jogava com os amigos, o menino gostava de mostrar os dribles e os passes que o pai havia lhe ensinado. Para ele, seu pai era um "craque", como ele mesmo dizia. Seus sentimentos com relação ao pai eram repletos de orgulho e admiração.

Quando o pai é participativo na vida familiar, interessado nos acontecimentos que cercam sua família e envolvido na educação das crianças, favorece o estreitamento dos vínculos pai-filhos e a sensação de apoio que estes podem ter com sua presença. O carinho que os filhos recebem do pai também fornece um importante acolhimento emocional, que se soma àquele que recebem da mãe.

A forma como o pai se relaciona com os filhos depende de muitos fatores, inclusive da maneira como ele mesmo foi criado, da relação que teve com seus próprios pais e irmãos e do modelo de pai que ele criou. Todos nós carregamos para nossa experiência como pais e mães nossa própria história de vida.

Por exemplo, um casal possuía dois filhos, um menino de 10 anos e uma menina de 7 anos. O pai era muito ligado à filha, por quem sentia muito afeto e de quem se orgulhava por ser uma menina muito esperta, expansiva e que cativava a todos. Sua relação com o filho era, porém, muito conflitiva. O pai o criticava constantemente, pois o filho não era muito dedicado aos estudos, sendo qualificado pelo pai de "preguiçoso", além de ser bastante introvertido, o que desagradava muito o pai, que o chamava de "bicho do mato". Ambos viviam em permanente conflito. Brigavam com frequência, o que gerava um clima muito estressante na família.

Na verdade, o pai não se dava conta de que o filho possuía características que o pai detestava em si mesmo, contra as quais sempre lutou. Quando criança e adolescente, o pai se sentia inferiorizado por ser introvertido e era um menino inseguro quanto às próprias capacidades. Sentia-se diminuído frente a uma irmã mais velha que ele admirava e invejava porque era uma aluna exemplar e tinha facilidade de convívio social.

Na atualidade, a filha "representava" para ele sua irmã admirada, com quem ele desejava se parecer, e o filho trazia-lhe de volta sua própria imagem denegrida e desvalorizada por ele mesmo. Sem se dar conta conscientemente desses aspectos, o pai não conseguia ajudar o filho a elevar sua autoestima e a ganhar a confiança necessária para se desempenhar melhor nos estudos e na vida social.

Em alguns aspectos, o pai tem um papel diferente para a filha e para o filho. A menina deseja que o pai valorize sua feminilidade e isso a ajuda a crescer com orgulho e confiança em seus aspectos femininos. Além disso, o pai afetivo com a filha a ajuda a escolher futuramente seus pares amorosos, que irão se basear, em parte, na figura do pai.

Para o menino, o pai representa um modelo masculino que ele admira e com o qual deseja se igualar. O menino quer ter as qualidades masculinas que ele vê no pai, servindo-lhe de referência para seus padrões e ideais de masculinidade. Um pai

A Conquista da Independência – A criança de 6 a 12 anos

amoroso com o filho, que o valoriza e reconhece suas qualidades positivas, ajuda o filho a desenvolver seus potenciais e se sentir seguro quanto às próprias capacidades e à própria masculinidade.

Muitos pais acreditam que precisam ser "duros" com os filhos homens para que estes adquiram atitudes tipicamente masculinas. Em razão disso, adotam atitudes muito severas com os meninos, desde que são pequenos. Mas esses pais podem não estar levando em conta que por meio do afeto, da compreensão e carinho conseguirão criar nos filhos mais confiança em si mesmos e nas próprias potencialidades masculinas, do que pelo medo ou pela excessiva severidade.

Mas o afeto paterno precisa vir acompanhado da função de autoridade que o pai exerce na vida dos filhos. Os filhos se sentem seguros com a presença de um pai forte, capaz de determinar leis em casa que devem ser obedecidas. A autoridade do pai, se não for excessivamente rígida e severa, orienta os filhos para a vida em sociedade e para a incorporação de valores e normas.

É importante lembrar, no entanto, que autoridade não significa autoritarismo, que é o uso indiscriminado e arbitrário do poder para se impor aos outros. Autoridade é conquistada pelo respeito, e não imposta pelo medo, e visa transmitir valores e princípios às crianças, de forma que elas possam conquistar níveis adequados de amadurecimento.

E quando falta o pai?

Existem várias situações familiares em que o pai pode estar ausente. Por exemplo, quando ele é falecido, quando se separou da mãe e foi viver em outro Estado ou país, quando a mãe é solteira e perdeu contato com o pai de seu filho ou ainda nos casos em que a mãe optou por ter um filho como "produção independente", sem participação do pai na vida e criação do filho.

Existe sempre certa dose de sofrimento para os filhos por viverem sem o pai. Uma figura importante como parte de suas raízes estará ausente. Além disso, existirão todos os aspectos da vida dos filhos nos quais o pai teria um papel importante para eles, como mencionamos acima.

Porém, existem algumas formas que as crianças encontram para compensar a falta do pai em suas vidas, como buscar relações próximas com outras figuras masculinas.

A Conquista da Independência – A criança de 6 a 12 anos

O avô, o tio, o namorado, o novo marido da mãe ou até mesmo um irmão mais velho podem suprir em parte as necessidades que uma criança tem do pai. O menino pode procurar como modelo masculino essa figura substituta, a menina pode ter seus sentimentos amorosos, que seriam dirigidos ao pai, voltados para essa pessoa. É sempre interessante perceber essas necessidades da criança a fim de permitir que elas sejam satisfeitas de alguma forma. Ter por perto o avô, o tio ou quem a criança eleger como a figura masculina preferida, poder conviver, sair e conversar com ela, podem ser meios de propiciar à criança situações que normalmente seriam vividas com o pai ausente.

O fato de a mãe ter uma vida própria, ter suas ligações afetivas e seus interesses pessoais ajuda também as crianças, permitindo que ela não concentre seu afeto somente nos filhos. Estes poderão minimizar seus possíveis sentimentos de responsabilidade pela mãe e por supri-la em todas as suas necessidades afetivas.

Permitir que a criança fale sobre o pai sempre que manifestar esse desejo é outra forma de ajudá-la a enfrentar melhor a falta que sente dele. Muitas crianças querem ver suas fotos, falar sobre as circunstâncias que envolveram a morte do pai ou sua separação da família, saber como ele era, principalmente aquelas que o conheceram pouco ou nem chegaram a conhecê-lo. Conversar no sentido de mostrar à criança, da melhor maneira possível, as reais características do pai, é uma boa maneira de evitar que a criança crie ideias de um pai "idealizado e maravilhoso" ou, ao contrário, "mau e perverso". Conservar em si a imagem de um pai humano e real é a melhor forma de a criança preservá-lo internamente.

E quando falta o pai?

E quando a criança precisa enfrentar a morte do pai após ter convivido durante alguns anos com ele? Nesses casos, a criança viverá, assim como os adultos, um período de luto doloroso, no qual ela poderá manifestar a necessidade de falar de vez em quando sobre sua dor e sobre a saudade e a falta que sente do pai. Precisará ter alguém que possa ouvi-la e compreender sua tristeza e seu pesar, sem tentar alegrá-la artificialmente ou inventar-lhe histórias enganadoras sobre os fatos.

Precisamos levar em conta que a criança tem a necessidade e o direito de ter acesso à verdade sobre os fatos importantes de sua vida. Muitos adultos escondem das crianças os acontecimentos dolorosos que envolvem a família, até mesmo com a boa intenção de protegê-la do sofrimento. Porém, isso geralmente aumenta ainda mais sua dor, sua confusão e desorientação diante da situação.

Por exemplo, algumas famílias escondem da criança pequena a morte do pai, dizendo-lhe que ele foi viajar e que vai demorar muito para voltar. A criança provavelmente ficará esperando por um longo tempo o retorno do pai, que nunca ocorrerá, ficando impedida de elaborar sua perda, o que lhe acarretará muito mais sofrimento. Além do mais, erroneamente pensamos que a criança não percebe que não lhe dizemos a verdade, ou seja, que ela não se dá conta da existência de uma "mentira" envolvendo a família. Essa percepção é geralmente inconsciente, mas nem por isso deixa de causar muitos problemas à criança. Para lidar com seu sofrimento, a criança precisa ter acesso à verdade e ter com quem conversar, quando ela quiser, para ir elaborando aos poucos, dentro de si, suas dores e tristezas.

A Conquista da Independência – A criança de 6 a 12 anos

O mesmo vale nos casos de morte da mãe, de um avô ou avó, ou de qualquer outra pessoa querida e importante para a criança. A realidade da morte muitas vezes precisa ser enfrentada pela criança, até mesmo quando ela perde um animalzinho de estimação. É claro que é preciso sensibilidade e muito cuidado para dar uma notícia dolorosa para a criança, atentando para sua capacidade de compreensão e de assimilação dos fatos. Porém, a criança poderá enfrentar com muito mais recursos a triste realidade quando puder conhecê-la e expressar abertamente suas angústias, medos e sofrimentos, que não podem ser minorados com enganos e ocultações.

Quando os pais se separam

Outra situação difícil para a família é a separação conjugal, que costuma trazer bastante sofrimento a todos. Ela representa uma situação de crise familiar, causando, como toda crise, mudanças significativas e certo desequilíbrio na situação que existia anteriormente, provocando maior ou menor impacto emocional em cada um dos membros da família. Não há como evitar o sofrimento, pois todos, pais e filhos, viverão sentimentos de perda e terão de lidar com a ruptura de um vínculo que tinha um papel fundamental na manutenção da família.

Após a separação, pais e filhos enfrentarão as vivências de "luto" e de perda que a situação provoca, a fim de que o sofrimento vá diminuindo e de que, aos poucos, todos se adaptem às novas condições. A perda do antigo equilíbrio familiar, a saída de casa de um dos membros do casal, as mudanças na vida da família, são algumas

A Conquista da Independência – A criança de 6 a 12 anos

das situações dolorosas que todos enfrentam nesse momento. Cada um realizará esse enfrentamento a seu modo, de acordo com seus recursos emocionais e conforme a maneira como o fato estiver repercutindo para si próprio.

Os pais às vezes têm dúvidas sobre quando devem informar os filhos sobre a separação do casal. Fazer isso com alguma antecedência, a fim de que os filhos tenham um tempo para assimilar a situação antes que ela venha a acontecer definitivamente, costuma ser interessante. Além disso, a possibilidade de os pais conversarem com os filhos, de preferência juntos, explicando-lhes suas decisões e abrindo espaço na conversa para ouvir os filhos sobre o que estão sentindo, ajuda nesse momento.

Algumas vezes, os filhos se assustam muito com a situação e podem reagir chorando ou até mesmo ficando paralisados, sem dizer nada. Os pais terão de aguardar um tempo até que os filhos consigam "digerir" um pouco os fatos e tenham mais condições de conversar sobre eles. Se as crianças puderem falar sobre o assunto, mesmo que posteriormente, poderão expressar verbalmente seus medos e aflições, o que irá ajudá-las. Como já foi dito, falar sobre os fatos que nos angustiam nos auxilia a lidar melhor com eles.

Na conversa com os filhos, a sinceridade dos pais, o propósito de serem verdadeiros consigo mesmos e com a família são observados pelos filhos, podendo ajudá-los a compreender os pais e a crise que atravessam. Afinal, a separação costuma ser a etapa final de um processo de conflitos que o casal já vivenciava há algum tempo, o que certamente não passa despercebido para os filhos, que são sempre capazes de captar

Quando os pais se separam

o clima afetivo da relação entre os pais. Em alguns casos, a separação chega a ser até um alívio para todos, de tão tenso, angustiante e conflituoso era o período anterior a sua concretização.

Não é preciso esconder das crianças as tristezas e os sentimentos depressivos que a separação conjugal provoca nos pais, mesmo porque elas acabarão percebendo. As crianças aprendem que os pais têm sentimentos, assim como elas, podendo sentir-se mais à vontade para expressarem os seus. E, com o tempo, perceberem que as tristezas não duram para sempre.

Algumas crianças sentem-se culpadas pela separação dos pais. Elas podem confundir realidade com "fantasia" e supor que elas têm alguma responsabilidade sobre os fatos dolorosos que envolvem a família. Ao perceberem isso, os pais podem tranquilizar o filho, mostrando que o fato relaciona-se unicamente a problemas do casal.

Às vezes são os pais que se sentem culpados pelo sofrimento dos filhos pela separação, o que os leva a tentar atendê-los em todos os seus desejos dali em diante. Embora esses sentimentos de culpa sejam naturais, principalmente nos primeiros tempos após a separação, é importante que não sejam tão excessivos a ponto de impedir que os pais exerçam seus papéis de autoridade e estabeleçam os limites necessários na educação dos filhos. Por culpa, os pais, sem perceber, podem estar abdicando de funções que são muito necessárias para as crianças.

Os filhos necessitam certificar-se de que os pais continuarão presentes em sua vida, mesmo após a separação do casal. Nos primeiros tempos após a separação, a

A Conquista da Independência – A criança de 6 a 12 anos

criança poderá demonstrar a necessidade de ver ou de falar com o pai (ou a mãe) que saiu de casa, quase todos os dias, até que restabeleça a segurança e a confiança na permanência dos pais em sua vida.

Essa permanência é tanto física como psicológica, no sentido de se manter tanto o contato com ambos os pais, como também as funções que eles exercem na vida da criança. As funções parentais de cuidado, proteção, autoridade, apoio etc. podem ser mantidas pelos pais, quer eles vivam ou não na mesma casa com os filhos.

Diversos casais terminam seus relacionamentos muito ressentidos um com o outro e os filhos são envolvidos nas desavenças e disputas que se criam entre o casal. Para a criança essa é uma situação muito penosa, pois seu afeto se dirige para ambos os pais e tomar o "partido" de um deles implica em ter de ir contra o outro, o que a deixa confusa e com medo de perder o amor de um dos pais.

Os pais também reagem a seu modo à separação conjugal. Alguns ficam muito deprimidos e passam por uma fase muito difícil após a separação. Outros sentem-se aliviados, pois a convivência com o cônjuge estava sendo-lhes muito penosa e difícil. Os filhos perceberão essas reações emocionais dos pais, sendo sensíveis a elas. Por exemplo, se a mãe estiver muito deprimida, os filhos terão de lidar com a própria tristeza, aliada à depressão da mãe. Podem passar a se preocupar muito com ela, desejando fazer-lhe companhia constante e deixando um pouco de lado a própria vida. Essas são reações passageiras dos filhos, que tendem a passar conforme a mãe for se restabelecendo da própria depressão.

Quando os pais se separam

À medida que os pais vão recuperando-se, do sofrimento pela separação conjugal, vão ganhando mais recursos emocionais para reestruturar a própria vida, o que é muito bom para todos. Quando os pais não "substituem" a antiga relação com o cônjuge apenas por meio dos filhos, as crianças podem sentir-se mais aliviadas. A capacidade dos pais de retomar a própria vida, de manter seus interesses e de vislumbrar outros, mesmo que demore certo tempo após a separação, é muito benéfica para os filhos. Estes podem prosseguir seu desenvolvimento sem o sentimento de responsabilidade pelos pais e por suprir, para eles, as faltas e carências afetivas derivadas de suas perdas amorosas.

Muitos pais e mães refazem suas vidas após a separação e casam-se novamente. Embora os filhos possam ficar enciumados, tendem a se acostumar com a nova configuração familiar e muitos desenvolvem boas relações com a nova mulher do pai e o novo marido da mãe. A sensibilidade dos pais para perceberem o momento mais adequado para conversar com os filhos sobre seus novos relacionamentos possibilitará que estes consigam aceitar mais naturalmente a situação. Além do mais, é muito tranquilizador para os filhos perceberem que seus pais estão felizes e foram capazes de se recuperar e refazer suas vidas após todo o tumulto emocional provocado pela separação conjugal.

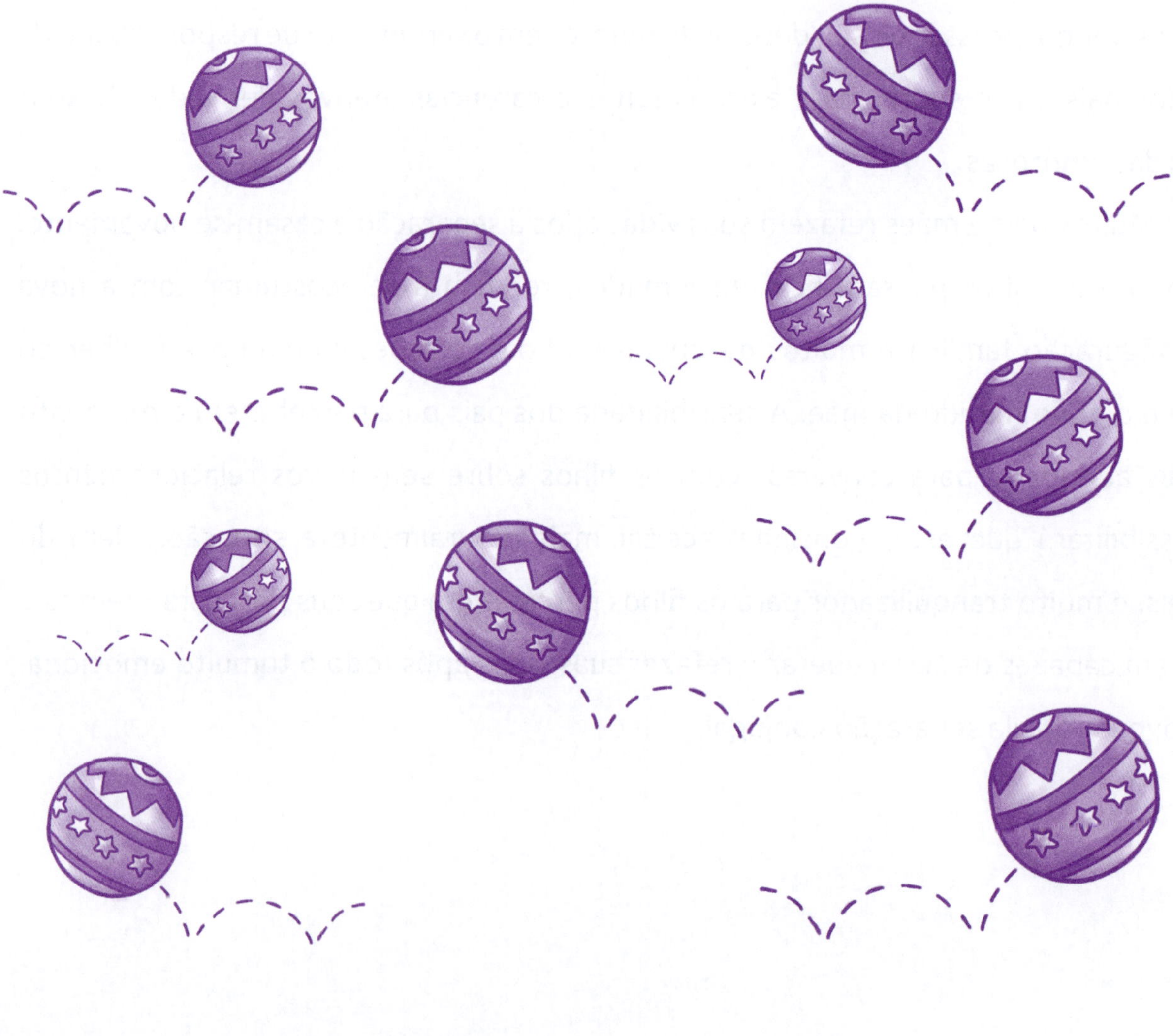

Dificuldades no desenvolvimento

O desenvolvimento de uma criança é repleto de riquezas e ganhos. Os pais têm o grato privilégio de acompanhar o crescimento de seu filho e o desabrochar de uma pessoa com todas as características que lhe são particulares. Eles revivem, por meio do filho, a própria infância e as diferentes fases que viveram, identificando-se em muitos aspectos com o filho, reconstruindo através dele seu passado, transformando o que não foi bom e recuperando as delícias da infância.

Mas o desenvolvimento tem também suas crises, os períodos difíceis, as dificuldades inevitáveis. Ninguém cresce cercado só de coisas boas e de sucesso, acompanham-nos sempre alguns sofrimentos e fracassos.

As dificuldades do desenvolvimento infantil podem ser breves e passageiras ou podem ser mais sérias e marcantes. Podem ser superadas com menos sofrimento ou podem causar maior dano aos envolvidos.

A Conquista da Independência – A criança de 6 a 12 anos

Quando surge um problema manifestado por uma criança, um distúrbio que lhe causa angústia, é importante que os responsáveis pela criança não desmereçam a importância que isso representa para ela. Por meio do distúrbio em seu comportamento, a criança está revelando algo. Uma perturbação ou uma dificuldade que ela apresente tem sempre uma razão de ser. A criança não se comporta de um modo que muitas vezes é incômodo e desagradável para os pais porque é "ruim", "preguiçosa", "intratável" ou porque tem "índole má".

Por trás do "sintoma psicológico" de uma criança existe um sofrimento, geralmente da ordem de um conflito e de uma angústia que ela não percebe de modo consciente. Assim, uma criança não sabe explicar aos outros por que está mais agressiva ultimamente, por que voltou a fazer xixi nas calças, por que acorda com medo todas as noites ou por que está cometendo pequenos furtos na escola. O sentido de um sintoma psicológico é geralmente inconsciente, isto é, desconhecido pela pessoa que o apresenta e, em parte por isso mesmo, interfere poderosamente sobre o comportamento e a vida da pessoa.

Diante de uma dificuldade de ordem emocional do filho, os pais ficam em dúvida se devem procurar um psicólogo especializado e quando fazê-lo. De modo geral, recomenda-se que quando a criança começa a manifestar um distúrbio em seu comportamento ou um sinal de angústia acentuada, os pais aguardem um pouco para verificar a evolução da dificuldade.

Toda criança passa por períodos em que apresenta algum pequeno problema ou transtorno. Essa é a regra e não a exceção. Principalmente quando a criança apresentar

Dificuldades no desenvolvimento

um distúrbio mais leve, como ficar um pouco mais agressiva, começar a ter insônias ou sentir-se insegura para entrar na escola, pode ser interessante aguardar um pouco antes de procurar ajuda. Pode ser que o problema se dissipe por si só, indicando que se tratou de uma desordem passageira. Pode ter sido causado por algum fator externo, por exemplo o nascimento de um irmão ou uma mudança de escola, e assim que a criança conseguir lidar melhor com a situação, pode ser que o problema desapareça. Se os pais ficam muito ansiosos com qualquer perturbação que os filhos apresentem, podem atrapalhar para que tudo transcorra de maneira benéfica e sem provocar grandes consequências.

Mas existem as situações que vão requerer a ajuda de um psicólogo. Geralmente, quando o problema de uma criança não desaparece espontaneamente, persistindo por meses a fio, julgamos que os pais devem procurar auxílio externo. Nesses casos, existe um sofrimento que não está sendo resolvido e um conflito interno que não está tendo uma solução adequada. Muitas vezes, se não tratado, o problema se agrava e os sintomas passam a se apresentar com maior intensidade. Ou ainda, os sintomas podem até desaparecer, mas outros surgem em seu lugar. Por exemplo, uma criança apresenta uma enurese persistente (fazer xixi nas calças) que cessa depois de um tempo, mas ela começa a roer as unhas e a ter medos exacerbados.

Geralmente, os sintomas não se apresentam isolados. Por exemplo, uma criança que rouba em casa pode também ser insegura e apresentar dificuldades

A Conquista da Independência – A criança de 6 a 12 anos

de relacionamento com os amigos. O ser humano deve ser compreendido em sua totalidade, sendo que seus conflitos podem refletir-se em diversas esferas de sua vida, as quais se inter-relacionam mutuamente.

Os pais percebem quando o filho não está bem. Por mais difícil que seja para eles reconhecerem que o filho está com problemas, "sentem" que algo vai mal com ele. Ninguém conhece melhor um filho que os pais. Quando estes percebem que o filho está infeliz, que não está bem consigo mesmo e com os outros e que essa situação emocional não se modifica, pode ser hora de procurar um psicólogo.

Muitas dificuldades psicológicas da criança representam o ápice de uma série de situações problemáticas que foram sucedendo-se ao longo de seu crescimento. Na verdade, o problema que se apresenta na atualidade pode ter começado a se formar muito antes, desde que a criança era bem pequena, e o desenvolvimento psicológico posterior foi sendo afetado pelas dificuldades iniciais e pelos problemas que foram se avolumando.

Por exemplo, o pai de um menino de 10 anos procurou um psicólogo, pois o filho apresentava uma agressividade exacerbada, tinha desempenho escolar muito fraco e era intolerante a qualquer frustração. Esses comportamentos começaram na época em que o garoto entrou na escola, mas tinham sua origem num período bem mais remoto. A mãe desse menino morreu quando ele tinha apenas 2 anos de idade e a família não conseguiu oferecer a ele uma situação propícia e acolhedora para enfrentar satisfatoriamente a morte da mãe. O pai, que ficou muito deprimido,

Dificuldades no desenvolvimento

não conseguiu cuidar dele, entregando-o a uma irmã com quem o menino não tinha qualquer relação afetiva. Dessa forma, ele se sentiu, de repente, órfão de pai e mãe, sofrendo duas perdas ao mesmo tempo. Essas experiências do menino, em uma época tão inicial de seu desenvolvimento, deixaram nele marcas profundas e o enfraqueceram psicologicamente para enfrentar as demais situações e circunstâncias que o crescimento lhe foi apresentando.

É sempre melhor quando a criança é levada ao psicólogo antes que seus problemas se agravem e que seu desenvolvimento fique muito prejudicado pelas dificuldades não resolvidas e que, muitas vezes, se arrastam por anos. É bom não esquecer que o tratamento psicológico é tanto terapêutico como preventivo, na medida em que procura tanto solucionar as dificuldades que se instalaram, como também interromper os processos patológicos do desenvolvimento e assim prevenir que eles venham a causar mais danos.

O trabalho do psicólogo clínico de crianças compõe-se geralmente de duas partes. A primeira é uma etapa de avaliação do problema, também chamada de "psicodiagnóstico". Nessa etapa inicial, que é realizada em algumas sessões, o psicólogo avalia as dificuldades da criança, procurando investigar sua origem e as causas que determinaram seu aparecimento. É um trabalho de busca, com os pais, para compreender o que está acontecendo com o filho. Para isso, o psicólogo dispõe de diversos instrumentos para sua avaliação, como entrevistas, observações da brincadeira da criança e testes psicológicos. A partir dessa

A Conquista da Independência – A criança de 6 a 12 anos

compreensão, o psicólogo tem as condições necessárias para determinar a necessidade ou não de psicoterapia para a criança ou mesmo um trabalho de orientação com os pais.

Tem início então a segunda parte do trabalho do psicólogo, o atendimento terapêutico para tratar das dificuldades. A psicoterapia com uma criança se propõe a oferecer-lhe as condições necessárias para a superação de suas dificuldades emocionais. Essa parte não tem um tempo definido para terminar, pois depende de cada caso.

Todos sabem o quanto é penoso para os pais reconhecerem que seu filho tem problemas psicológicos! Essa é uma constatação muito dolorosa, que provoca muitos sentimentos nos pais. Alguns dos sentimentos mais comuns – e dos mais sofridos – são os de culpa e de fracasso. Os pais imaginam-se fracassados como pais e culpam-se por isso. Alguns pensam que "fizeram tudo errado" e que são um total insucesso como pais.

Tais sentimentos, se excessivos, podem prejudicar muito os pais e o próprio filho. Os pais podem reagir fazendo autoacusações ou ainda negando os problemas. Nos dois casos, os pais não conseguirão ajudar o filho adequadamente. No primeiro caso, a autoacusação excessiva pode deixar os pais paralisados e impotentes diante da situação, acreditando que não há nada que possa ser feito e que "tudo está perdido". Podem tentar compensar o filho pelo mal que acham que lhe provocaram e fazer todas as suas vontades, só piorando as coisas.

Dificuldades no desenvolvimento

No segundo caso, a negação dos problemas leva os pais a "fugirem" da constatação das dificuldades do filho, desejando acreditar que elas não existem. Inconscientemente, os pais querem evitar a culpa que os atormenta pelos problemas, mas na verdade o resultado é o aumento da culpa, pois sem encarar os problemas não há como fazer algo para tentar solucioná-los ou amenizá-los.

Sabemos que não é fácil para os pais, mas seria melhor que refletissem sobre suas próprias culpas opressoras, a fim de que elas fossem suavizadas e não conseguissem abatê-los e enfraquecê-los. Assumir as próprias responsabilidades na criação e no desenvolvimento do filho, sem autorrecriminações excessivas, pode ser a melhor medida. Sem culpas extremas e podendo encarar destemidamente os problemas, os pais podem sentir-se fortalecidos para procurar ajudar o filho da melhor forma. É com os pais fortes que o filho poderá contar para auxiliá-lo no enfrentamento de suas dificuldades e problemas psicológicos.

Não há pai e mãe perfeitos. No terreno da maternidade e da paternidade, como em tudo na vida, perfeições não existem. Os pais dão de si o melhor que podem aos filhos, e se não dão mais, é porque muitas vezes eles não podem ou não sabem como. Suas atitudes com os filhos resultam do que eles são como pessoas e os filhos precisam de pais reais e não de pais perfeitos. As falhas dos pais, que inevitavelmente sempre existem, convivem lado a lado com seus acertos.

É importante saber que o desenvolvimento psicológico infantil é um processo complexo, em que interferem tanto as situações familiares quanto os processos

A Conquista da Independência – A criança de 6 a 12 anos

internos da própria criança, muitos dos quais independem dos pais e da família. Além disso, o que importa não é "achar culpados", mas sim encontrar as formas de ajudar a criança a recuperar as forças psicológicas necessárias para prosseguir seu desenvolvimento com saúde e bem-estar. Não devemos esquecer que a mente da criança é muito "plástica", isto é, passível de mudanças e transformações que podem conduzir à retomada do crescimento saudável que todo pai e mãe desejam para seu filho.

Impressão e acabamento
Gráfica e Editora Santuário
Em Sistema CTcP
Capa: Supremo 250 g – Miolo: Offset 75 g
Rua Padre Claro Monteiro, 342
Tel. (12) 3104-2000 / Fax (12) 3104-2036
12570-000 Aparecida-SP